Soulfashion
NÄHEN

KLEIDER, SHIRTS UND MEHR, DIE EINFACH **GLÜCK-LICH** MACHEN

ANJA ROLOFF

Soulfashion NÄHEN

KLEIDER, SHIRTS UND MEHR, DIE EINFACH **GLÜCKLICH** MACHEN

IN DEN GRÖSSEN 34–44

MIT 6 SCHNITTMUSTERBOGEN

EMF

EIN BUCH DER EDITION MICHAEL FISCHER

INHALT

HOW TO NÄHBUCH

In einer perfekten Welt mit sehr viel Zeit für das schönste Hobby der Welt würde ich selbstverständlich empfehlen, vor dem Nähen des ersten Schnitts einmal das ganze Buch durchzulesen. Viele der Hinweise und Nähwege gelten nicht nur für das Projekt, bei dem sie stehen, sondern lassen sich übertragen.

Da ich aber realistisch bin und selbst auch selten mehr Zeit als nötig investieren will, beschränke ich mich auf diesen Tipp: Blättere ruhig mal quer und lies zumindest die Tipps bei den Projekten durch. Hier kannst du viele zusätzliche Ideen sammeln und du musst dich nachher nicht darüber ärgern, womöglich den langen Nähweg eingeschlagen zu haben, obwohl es auch kürzer gegangen wäre.
Bitteschön, gern geschehen!

Ich bin weder gelernte Schneiderin noch behaupte ich von mir, dass ich perfekt nähe. Das muss ich aber auch gar nicht, und genau das möchte ich vermitteln: Man muss nicht perfekt nähen können, um sich schöne Kleidung zu fertigen. Trau dich einfach an die ersten Stücke ran und freu dich nach einiger Zeit darüber, dass die genähten Teile immer besser werden.
Und dass sie genau die Stücke sind, die perfekt für dich sind.

DEINE SOULFASHION!

SOULFASHION?

Das ist Kleidung, in der man sich einfach wohlfühlt. Das bedeutet nicht, dass es zwangsläufig die gemütliche Jogginghose oder das bequeme Jerseykleid sein muss. Wir brauchen schließlich nicht nur Wohlfühlkleidung für die Couch, sondern welche für jede Lebenslage. Und in vielen Situationen ist Kleidung, in der man sich absolut wohl fühlt noch viel wichtiger als bei Netflix & Chill. Ich will mich auch am Schreibtisch bei der Arbeit, in der Stadt beim Bummeln oder beim Treffen mit den Liebsten wohlfühlen.

Am leichtesten beschreiben lässt sich wahrscheinlich das Gegenteil von Soulfashion. Kleidung, bei der irgendwie nicht der Funke überspringt. Ich kenne die Situation, dass ich ein traumhaft schönes Kleidungsstück im Schrank habe. Nur jedes Mal, wenn es perfekt zum Anlass passen würde, entscheide ich mich nach langem Hin und Her doch für ein anderes und lasse dieses großartige Stück im Schrank hängen. Dabei finde ich es wirklich wunderschön. Es scheint nur nicht mein Soulfashion-Teil zu sein.

Mit der Zeit findet man heraus, welche Schnitte die persönliche Soulfashion sind. Oft sind es gar nicht grundsätzlich die Schnitte, sondern eher die Details. Bei mir ganz klar die Armlänge. Ich habe einen Kleiderschnitt mit Dreiviertelarm, in dem ich mich immer perfekt angezogen fühle. Im Winter dachte ich, dass ich mir die Ärmel einfach verlängere und war völlig überrascht, dass allein der Dreiviertelarm das Kleid bisher zum Wohlfühlkleid gemacht hat. Mit langem Arm war es einfach nur ein Kleid und gar keine Soulfashion für mich. Deswegen lohnt sich auch die Analyse des eigenen Kleiderschranks. Was nähe ich, und was trage ich dann tatsächlich oft? Was gefällt mir an den Lieblingsteilen, und was missfällt mir an den Schrankkleidchen? Letztere sind ja auch nicht von Zauberhand in den Schrank gekommen …

In diesem Buch finden sich unkomplizierte Schnitte, mit denen du dich in jeder Lebenslage wohlfühlst. Solche, die nicht nur Lieblingsklamotten, sondern deine Soulfashion werden können.

Grundlagen

WAS HEISST EIGENTLICH ...

SPRICHST DU FLIESSEND SCHNITTMUSTER UND „NÄHEN"? DAMIT IM PROJEKTTEIL DES BUCHS NIEMAND DEN NÄHFLOW WEGEN UNBEKANNTER FORMULIERUNGEN UNTERBRECHEN MUSS, FASSE ICH HIER DIE WICHTIGSTEN KURZ ZUSAMMEN.

ABNÄHER

Ein Abnäher ist ein spitzer Winkel, der vom Schnittmuster auf das Schnittteil übertragen wird. An ihm wird der Stoff abgenäht, um dem Kleidungsstück zu mehr Passform zu verhelfen. Der zweidimensionale Stoff wird dreidimensional genäht – das geht dank Abnähern auch innerhalb eines Schnittteils. Kleid Florenz auf Seite 32 hat neben Brustabnähern auch noch Rückenabnäher für weniger Weite im Rückteil.

ABSTEPPEN (KNAPPKANTIG)

Nach dem Nähen wird die Naht von rechts noch mal mit einem langen Geradstich (meist knappkantig) genäht. Das bringt Stabilität, hält die Nahtzugabe in der gewünschten Richtung und sieht gut aus. Ich steppe gerne zur Verzierung ab, weil eine saubere, gleichmäßige Steppnaht einfach schön aussieht.

ANPASSEN

Muss ein Schnitt angepasst werden, bedeutet das nicht, dass meine großartige Schnitt-directrice und ich uns keine Mühe gegeben haben. Körperformen, Größen und Vorlieben sind einfach so unterschiedlich, dass kleinere und größere Anpassungen nötig sind. Die Schnitte in diesem Buch sind für eine Körpergröße von 1,68 Metern gradiert. Wer größer oder kleiner ist, muss für die perfekte Längenpassform also verlängern oder kürzen. In einigen Schnittmustern ist dazu eine Linie eingezeichnet, um zu markieren, wo man am besten Länge einfügt oder rausnimmt, da man diese je nach Schnitt nicht einfach unten oder oben hinzufügen kann.

BELEG

Der Beleg ist ein (teilweises) Duplikat des Schnittteils, das später auf der linken Seite des Kleidungsstücks sichtbar ist. Statt eine Kante umzuschlagen oder mit einem Bündchen zu säumen, wird der Beleg rechts auf rechts gegen den Stoff genäht und umgeschlagen. Siehe auch „Verstürzen“.

BRUCH/STOFFBRUCH

„Bruch“ auf dem Schnittmuster bedeutet, dass das Schnittteil an dieser Kante auf dem Stoffbruch liegt, der Stoff also doppelt liegt und der Schnitt hier gespiegelt wird. Um beim Zuschnitt Stoff zu sparen, legt man das Schnittteil nicht in den mittigen Stoffbruch, der vom Doublieren kommt (siehe auch Fadenlauf), sondern faltet den Stoff parallel zu diesem Knick neu. Bei Stoffen mit großen Mustern oder Rapporten zeichne ich mir das Schnittteil gerne gespiegelt, also ohne Bruch in doppelter Breite auf. So kann ich es besser auf dem Motiv platzieren.

EINHALTEWEITE

Einhalteweite meint die Mehrweite (mehr Stoff), welche beim Annähen eines Schnitt-teils an ein anderes eingehalten wird. Beim Einhalten werden, anders als beim Kräuseln oder Raffen, keine Falten gelegt, sondern das Material gestaucht, sodass keine Falten entstehen. Die Fasern des Stoffs sind damit enger aneinander. Das Plus an Stoff dient einer besseren Passform, mehr Bewegungsfreiheit und einem schöneren Fall des Stoffs.

SERALON

FADENLAUF

Die meisten Stoffe werden in doublierter Stofflage verkauft. Wenn man 1 Meter volle Stoffbreite (140cm) kauft, liegt der Stoff einen Meter lang und 70 cm breit und ist mittig im Bruch gefaltet. Dieser Falz und die Webkanten (also die Ränder links und rechts) sind der Fadenlauf. Schnittteile für Kleidung werden immer im Fadenlauf, eventuell noch quer zum Fadenlauf zugeschnitten, nie aber wahllos schräg. Es sei denn, sie sind Schrägband. Dieses wird im 45-Grad-Winkel zur Webkante zugeschnitten und bekommt so eine Dehnbarkeit, die für alle anderen Schnittteile bei Kleidung nicht gewünscht ist.

FUTTERSTOFF UND OBERSTOFF

Bei Accessoires wie Taschen bezeichnet „Futter-“ und „Oberstoff“ oft einfach nur die Stoffe, die innen und außen verwendet werden. Bei Kleidungsstücken ist der Futterstoff aber in der Regel ein richtiges Futter: eine glatte, meist unempfindliche Webware, die bei einer Jacke das Hineinschlüpfen in den Ärmel erleichtert. Wichtig ist, dass Futter und Oberstoff mit ihren Eigenschaften zueinander passen: Ein Futterstoff, der nicht gewaschen werden darf, passt schlecht zu einer sportlichen Outdoorjacke.

MARKIERUNG/KNIPS

Fast alle Schnittmuster haben kleine Hinweise, die später beim Nähen von großer Bedeutung sind. Ein kleiner Strich oben an der Armkugel markiert zum Beispiel den Schulterpunkt oder die Nahtlinie am Oberteil. Ist dieser auf dem Schnittteil Ärmel, weiß ich beim Nähen, dass ich an dieser Stelle den Ärmel an den Schulterpunkt oder die Nahtlinie stecken muss. Markierungen übertrage ich je nach Material mit Trickmarker oder Schneiderkreide auf den Stoff. Bei ausreichender Nahtzugabe oder dehnbaren Stoffen schneide ich auch kleine „Knipse“ in die Schnittteile. Beim Spitzenkleid auf Seite 46 waren Stecknadeln das Mittel der Wahl.

MUSTERVERLAUF/ MUSTERRICHTUNG

Neben dem Fadenlauf spielt beim Zuschnitt auch die Musterrichtung eine Rolle. Ein Shirt aus breitem Blockstreifen-Jersey sieht besser aus, wenn sich die Streifen seitlich in der Naht treffen. Dazu achte ich schon beim Zuschnitt darauf, dass zum Beispiel der Armausschnitt von Vorder- und Hinterteil auf demselbem Streifen des Stoffes zugeschnitten wird. #matchingstripes

Aber auch bei einfarbigen Stoffen kann die Musterrichtung eine Rolle spielen: Cord oder Samt sollte immer in die gleiche Richtung zugeschnitten werden, da der Stoff je nach Florrichtung das Licht unterschiedlich reflektiert.

Die Musterrichtung muss bei Stoffen mit großen Rapporten (Musterwiederholungen) schon beim Stoffkauf berücksichtigt werden. Möchte ich alle Schnittteile möglichst dem Design des Stoffs entsprechend zuschneiden, erhöht sich der Stoffverbrauch meist deutlich. Außerdem lohnt es sich, die Schnittteile auf transparentem Papier auszuschneiden und beim Zuschnitt auch auf das Stoffmuster dahinter zu gucken. Ich habe schon Oberteile mit zwei großen Kreisen/Blumen gesehen, die den Trägerinnen ungewollt schiefe Brüste zauberten.

NAHTZUGABE (NZG)

Die Schnitte hier im Buch enthalten keine Nahtzugabe. Immer wenn ein Schnittteil an ein anderes genäht wird, braucht es eine individuelle Nahtzugabe, die beim Zuschnitt ergänzt werden muss. Pauschal kann man sagen, dass Webware mit 1cm Nahtzugabe zugeschnitten wird und Jersey mit 0,5 bis 0,7cm. Jersey franst nicht aus, muss daher nicht versäubert werden und wenn er direkt mit der Overlock genäht wird, benötigt man ebenfalls eine schmalere Nahtzugabe.

NÄHFÜSSCHENBREITE

Je nach Maschine und Nähfüßchen ist „nähfüßchenbreit" ca. 0,5 bis 0,7cm. Beim Absteppen ist es leichter, sich am Nähfüßchen zu orientieren und so in gleichbleibendem Abstand zu nähen.

RECHTS AUF RECHTS/ LINKS AUF LINKS

„Rechts" und „links" bezeichnet „schöne Stoffseite" und „Abseite" oder „Rückseite" des Stoffs. Rechts auf rechts heißt also, dass die beiden schönen Seiten eines Stoffs sich beim Stecken oder Nähen berühren. Genäht wird von links. Wird der Stoff anschließend aufgeklappt, sieht man keine Naht.

SCHMALKANTSÄUMER/ SCHMALKANTFÜSSCHEN

Mein liebstes Nähfüßchen! Es hilft beim Absteppen den perfekten und vor allem gleichbleibenden Abstand zur Kante zu halten. Wenn ich außer dem Standardfüßchen nur ein weiteres nutzen dürfte, wäre es dieses. (Ja, liebes Reißverschlussfüßchen, du hast richtig gehört!)

UMBRUCH

Der im Schnittmuster eingezeichnete Umbruch markiert die Stelle, an der der Stoff nach links umgeschlagen wird. Mantel Kopenhagen auf Seite 112 zum Beispiel hat eine angeschnittene Knopfleiste mit Beleg, die beim Nähen umgeschlagen werden muss.

VERSÄUBERN

Versäubern bedeutet, die fertig zugeschnittenen Schnittmusterteile so zu bearbeiten, dass sie bei allen weiteren Arbeitsschritten weder Fäden noch Form verlieren. Ob mit der Nähmaschine und dem Zickzackstich oder der Overlock versäubert wird, macht später für das fertige Kleidungsstück keinen Unterschied. Ich muss zugeben, dass ich etwas versäuber-faul bin und immer nur die nötigsten Nähte versäubere. Nimm dir also lieber ein anderes Vorbild!

VERRIEGELN

Die Naht wird am Anfang und Ende verriegelt, damit sie sich nicht löst. Bei meiner Nähmaschine ist die Verriegelfunktion fest eingestellt, ich muss also nur daran denken, sie abzustellen, wenn ich Abnäher nähe oder eine Strecke einkräuseln möchte. Bei älteren Nähmaschinen näht man einfach an Anfang und Ende zwei, drei Stiche vor und zurück und verriegelt so.

VERSTÜRZEN

Beim Verstürzen werden zwei Schnittteile erst rechts auf rechts zusammengenäht und dann so gewendet, dass die Naht an der Kante liegt.

STOFFLIEBE – LIEBLINGSSTOFF

NACHMACHEN AUSDRÜCKLICH ERLAUBT: AUF DEN FOLGENDEN SEITEN STELLE ICH DIE VON MIR VERWENDETEN STOFFE VOR UND SCHLAGE GLEICH AUCH NOCH ALTERNATIVEN FÜR DIE EINZELNEN PROJEKTE VOR.

Es wäre schließlich richtig ärgerlich, wenn euch die Wahl des richtigen Stöffchens vom Nähen abhält! Und vielleicht schlummert der perfekt passende Stoff für das nächste Projekt ja schon im Stoffschrank? Einen Stoff aus der Lagerhaltung zu befreien, ist ja oft noch schöner, als sich mit neuen Schätzen einzudecken. Auch weil danach im Lager wieder Platz für Neues ist …

Bügeleinlage verwende ich persönlich einfach die, die ich zu Hause habe. Bei diesen Projekten habe ich für alle die gleiche Bügeleinlage genommen. Probiert einfach aus, was bei euren Stoffen die beste Wirkung erzielt und was ihr am liebsten mögt.

FLORENZ

(Fake-)Wickelkleid mit weitem Rockteil

Ein leichter Viskosestoff, wie die von mir vernähte Ecovero Viskose (115 g pro m^2), ist optimal für das Fake-Wickelkleid. Bei deutlich schwereren Stoffen zieht das Gewicht des Rockteils zu sehr nach unten. Leichter geht dafür sehr gut.

https://www.alles-fuer-selbermacher.de/Viskose---Ecovero---Blusenstoff---Boho-Geo---Dunkelgruen?path=

SYDNEY

ärmelloses Top/Shirt mit Schrägbanddetails

Zarte Viskosewebware ist perfekt für diesen Schnitt. Mein verwendeter Stoff von Alles für Selbermacher hat ein Gewicht von 120 g pro m^2 und fällt schön leicht.

Theoretisch kann Sydney auch aus leichtem Jersey (Modal- oder Viskosejersey) genäht werden – ich nehme es in diesem Fall nicht so genau. Das Shirt könnte dann etwas kleiner zugeschnitten werden.

Für das selbst hergestellte Schrägband habe ich in meinen Stoffresten einen nicht zu 100 % farblich passenden Stoff gefunden, der sich aber dennoch als stylischer Kombipartner herausstellte. Wichtig ist hierbei, dass die Stoffart und die Dicke nicht voneinander abweichen. Zwei unterschiedliche Designs desselben Stoffs/Herstellers sind perfekt.

https://www.alles-fuer-selbermacher.de/viskose-blusenstoffe/Viskose---Blusenstoff---Colorful-Jungle---Leaves---Dunkelgruen

SEVILLA

Spitzenkleid

Für das Spitzenkleid wollte ich eigentlich eine Lochspitze oder Musselin mit Lochstickerei verwenden. Dann lief mir der graue Stoff über den Weg und ich warf all meine Pläne über den Haufen. Der sollte es sein!

Die Wahl stellte sich als eine fantastisch unkomplizierte heraus: Die Spitze aus 80 % Baumwolle und 20 % Nylon ist so schön fest, dass sie sowohl den perfekten Stand für das Kleid mitbringt, als auch toll zu vernähen ist. Ich musste nicht mal versäubern ...

Für das Futter habe ich mich in meinem Stoffschrank bedient und eine Viskosewebware herausgesucht.

https://www.selfmade.com/de-de/p/feste-spitze-staubgrau-mit-blumen-4861/660397

PORTO

Basic-Pulli mit Dreiviertelarm

Auch Porto ist ein Teil, welches gut aus dem Stoffvorrat genäht werden kann. Bei den leicht gekräuselten Ärmeln sind dünne und leichte Stoffe die erste Wahl, aber auch alle anderen Sweat- und Strickstoffe eignen sich gut. Ich habe den Swafing-Klassiker Bene vernäht, der noch in meinem Stoffschrank schlummerte.

Beachtet bei eurer Auswahl bitte, dass mein gewählter Stoff eher weich ist, weshalb die leichte Kräuselung am Armausschnitt etwas weniger zur Geltung kommt als bei einem festen Stoff.

https://www.snaply.de/stricksweat-swafing-bene/a-68021561/

PRAG

Palazzohose

Die Hose lässt sich durch die Stoffwahl völlig in ihrem Stil beeinflussen und ist so super vielfältig.

Leinen und Halbleinen haben Stand, sind – gerade für Anfänger*innen – sehr einfach zu vernähen, knittern dabei aber quasi schon beim Anschauen.

Leichte Baumwollwebware findet man leicht von unifarben schlicht bis außergewöhnlich in jedem erdenklichen Muster. Ebenfalls eine solide Wahl für Hose Prag.

Wer es leicht und fluffig mag, greift zu Musselin oder Double Gauze, und ganz edel wird die Hose mit Viskosewebware. Hier ist also so einiges drin!

Ich habe eine Baumwoll-Leinen-Mischung aus meinem Vorrat vernäht.

BOSTON

Blazer

Für Boston habe ich lange nach einem geeigneten Stoff gesucht. Auch, weil ich einen wollte, der leicht nachzukaufen ist. Das Modell im Buch habe ich schließlich aus einem Romanitjersey genäht. Eine Qualität, die ich für Blazer nicht auf dem Radar hatte, die mir aber bei Instagram von einigen Follower*innen empfohlen wurde. Sicher, die Alternativen wie klassische Anzugstoffe und Leinen sowie Wollstoffe kamen auch zur Sprache, aber für das Beispiel im Buch wollte ich eine günstige Alternative. Einen Stoff, an den sich auch Nähanfänger*innen trauen. Einen, den es in so vielen Farben gibt, sodass alle Geschmäcker bedient werden. Lange Rede, kurzer Name: Miri.

Romanitjersey Miriam liegt 1,50 m breit und hat stattliche 336 g pro m^2. Die Mischung aus Viskose, Polyester und Elasthan lässt sich leicht vernähen und ist durch ihre Dehnbarkeit angenehm zu tragen.

https://www.snaply.de/romanit-jersey-miriam-dunkelgrau/a-68001750/

Der Futterstoff bei meinem Blazer sollte ein echter Hingucker sein und dieser Plan ging mit der farbintensiven Viskose voll auf. Mit ihren 120 g pro m^2 ist sie ein leichtes und feines Futter. Eigentlich natürlich viel zu schade, um im Inneren zu verschwinden, aber wegen der sichtbaren Ärmelaufschläge wollte ich etwas Spannenderes als einen klassischen einfarbigen Futterstoff.

https://www.alles-fuer-selbermacher.de/Viskose---Blusenstoff---Abstract-Brushstrokes---Royalblau

SALONIKI

Kleid im Schürzenlook

Bei Saloniki hatte ich einen eher gröberen Look im Kopf. Ein Kleid wie eine Schürze, schnell übergeworfen – egal, ob über das Ringelshirt oder pur auf der Haut.

Leinenstoffe aller Art erfüllen diesen Zweck perfekt. Für den Winter könnte ich mir auch gut einen groben Cordstoff vorstellen. Experimentierfreudige greifen vielleicht sogar zu einem Steppstoff und zaubern statt dem Alltagskleid ein Teil für den Laufsteg?

Hier findest du die Leinen-Baumwoll-Mischung mit 176 g pro m².

https://www.alles-fuer-selbermacher.de/Leinen-und-Nessel/Leinen---Baumwolle---Mischgewebe---Uni---Melange---176g---Dunkelbraun

PARIS

Pullover mit Teilung

Ich liebe Sweatstoffe, die ein wenig Stand mitbringen. Der für Paris genutzte Kuschelsweat ist für den Pullover genauso perfekt wie für den Rock London.

Für einen weiteren Pullover habe ich einen Sommersweat genutzt und mag das Ergebnis ebenfalls. Ob Sweat, Sommersweat, Kuschelsweat oder sonstiges, der Pullover ist das perfekte Argument, um ein bisschen Stoffabbau im heimischen Lager zu betreiben.

https://www.snaply.de/jogging-oskar-heavy-terra/a-68037205/

LONDON

Sweatrock

Das wichtigste Auswahlkriterium für den Sweat des Rocks ist, dass er schön fest und formstabil ist. Mein verwendeter Stoff hat eine traumhaft glatte Oberfläche und ist auf der Rückseite angeraut, was ihm Festigkeit verleiht. Mit seinen 70 % Baumwolle und 30 % Polyester auf 160 cm Stoffbreite ist er für jeden Geldbeutel erschwinglich, bleibt gut in Form und kann fein abgesteppt werden. Das ist eine meiner Lieblingsbeschäftigungen beim Nähen, und in diesem Fall finde ich auch jede einzelne Naht entscheidend: Es macht einfach mehr her!

Obwohl ich beim Zuschnitt meist meinen Rollschneider der Schere vorziehe, muss ich hier eine Warnung aussprechen: Mit der Schere lässt der Sweat sich aufgrund seines Polyesteranteils viel leichter schneiden als mit dem Rollschneider.

https://www.snaply.de/jogging-oskar-heavy-terra/a-68037205/

TRONDHEIM

Troyer

Bei Troyer Trondheim hat man die Qual der Stoffwahl, denn diese ist groß. Die Auswahl natürlich, nicht die Qual. Grundsätzlich funktioniert hier jeder dickere Stoff, der dehnbar ist. Trondheim kann als Fleecejacke der 90er, als hipper Teddy-Pulli oder als klassischer Sweat- oder gar Grobstrick-Troyer daherkommen.

Ich habe einen weichen, querelastischen Fleecestoff mit 200 g pro m^2 aus 100 % Polyester verwendet, den es in vielen Farben gibt.

Ein anderes Exemplar für mich habe ich aus wesentlich festerem Stoff genäht und mir hier etwas Mehrweite an den Armen gegönnt. 1–2 cm am Unterarm, um den wirklich festen und voluminösen Stoff auszugleichen, können da schon viel bewirken. Ich rate auch die Ärmelweite gegebenenfalls an die geplante Trageweise anzupassen. Sprich, der Troyer, der maximal über ein dünnes Shirt gezogen wird, passt so. Wenn ich ihn als x-tes Teil im winterlichen Lagenlook plane, sollte die Ärmelweite angepasst werden.

https://www.snaply.de/teddy-fleece-jette-rost/a-68045880/

WIEN

schlichtes Webwarekleid mit ¾-Arm

Wien ist perfekt für leichte Modal- oder Viskosewebware. Alle Stoffe, die einen schönen Fall haben und nicht zu steif sind, eignen sich prima für den Schnitt. Ich habe Viskosewebware aus meinem Vorrat vernäht.

JOHANNESBURG

T-Shirt-Kleid mit Ärmelumschlag und Schlitz

Für diesen unkomplizierten Schnitt empfehle ich weichere Jerseyarten wie Modaljersey, Viskosejersey oder dünnen Baumwolljersey. Meine fliederfarbene Jerseymischung (51% Baumwolle, 46 % Viskose, 3 % Polyester) mit einem Hauch von Neon hat leichte 165 g pro m^2 und liegt mit 160 cm Stoffbreite angenehm breit.

Ich habe mir das Kleid auch noch ganz klassisch maritim aus Baumwolljersey mit blau-weißen Blockstreifen genäht und kann das ebenfalls empfehlen.

https://www.rico-design.com/meterware-jersey-flieder-neonpink

TORONTO

Basic-T-Shirt

Auch dieses Basic-Shirt birgt die Qual der Wahl: Jede Art von Jersey – von Baumwoll- über Model- bis Viskosejersey – ist hier perfekt. Sogar ein dünner Sommersweat kann ohne Probleme verwendet werden.

Was ich persönlich wunderschön, aber leider auch schwer (online) zu kaufen finde, ist dünner unifarbener T-Shirt-Stoff, wie man ihn von gekauften Shirts kennt. Im Idealfall mit passender superdünner Bündchenware.

Ich habe das Shirt aus einem Bio-Baumwolljersey aus meinem Vorrat genäht.

KOPENHAGEN

Kurzmantel

Für Kopenhagen ist jeder Mantelstoff geeignet. Ich habe mich für einen feinen Bouclé-Stoff (420 g pro m^2) entschieden. Bei der Stoffauswahl sollte beachtet werden, dass der Schnitt ohne Futter genäht wird.

Besonders edel sieht der Mantel mit Bündchen in exakt passender Farbe aus.

https://www.snaply.de/mantelstoff-boucle-paddington-wollweiss/a-68068038/

An dieser Stelle ein herzliches Dankeschön an meine großzügigen Sponsoren Alles für Selbermacher, Selfmade, Snaply und Rico Design.

KURZ VOR DEM START

DU HAST DAS ERSTE PROJEKT INS AUGE GEFASST UND WILLST LOSNÄHEN? DA FREUE ICH MICH!

Bitte wasche neue Stoffe vor dem Vernähen vor. Am besten genauso, wie auch das fertige Kleidungsstück später gewaschen werden soll.

Wenn du es noch nicht getan hast, nimm einmal deine Maße, um die richtige Größe ermitteln zu können. Die meisten meiner Schnitte fallen eher großzügig aus – man kann sich auch gut an der Passform auf den Bildern orientieren. Für die Models habe ich Größe 36 genäht.

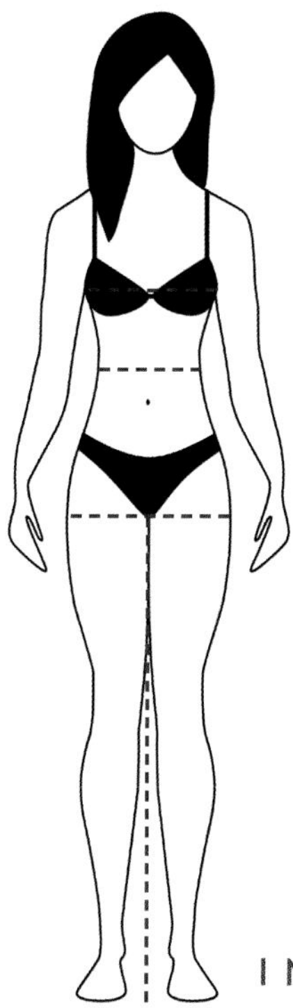

KÖRPERMASSE	34	36	38	40	42	44
BRUSTUMFANG	82	85	88	92	96	100
TAILLENUMFANG	66	69	72	76	80	84
GESÄSSUMFANG	91	94	97	101	105	109
INNENBEINLÄNGE	78	78	78	78	78	78

Alle Maßangaben sind in cm angegeben.

PROJEKT ÜBERSICHT

WICKELKLEID
Florenz

KLEID
Wien

SHIRT *Sydney*

SPITZENKLEID *Sevilla*

PULLOVER *Porto*

BLAZER *Boston*

PALAZZOHOSE *Prag*

PULLOVER
Paris

SCHÜRZENKLEID
Saloniki

SWEATROCK
London

JERSEY-
KLEID
Johannesburg

TROYER
Trondheim

KURZMANTEL
Kopenhagen

BASIC-SHIRT
Toronto

Projekte

WICKELKLEID *Florenz*

(FAKE-)WICKELKLEID MIT HALBEM TELLERROCK

MIT EINEM WICKELKLEID IST MAN IMMER GUT ANGEZOGEN. VOR ALLEM, WENN ES GAR KEINES IST UND DESHALB NOCH ETWAS SPARSAMER IM STOFFVERBRAUCH DAHERKOMMT.

MATERIAL UND ZUSCHNITT:

2,5 m Viskosewebware, siehe Seite 19, optional ein Gummiband (Breite 0,5–1 cm; Länge in Taillenweite)

Bügeleinlage

- 1x Rockteil im Bruch
- 1x oberes Rückteil im Bruch
- 2x oberes Vorderteil gegengleich
- 1x Rückteilbeleg im Bruch
- 2x Vorderteilbeleg gegengleich
- 2x Saumbändchen
- 2x Ärmel gegengleich

ohne Schnittteil: Stoffstreifen in Wunschlänge mit ca. 10 cm Breite als Bindeband.

Alle Schnittteile findest du auf SB 4.

Gib 1 cm Nahtzugabe und eine passende Saumzugabe (von 1,5 cm) zum Schnitt hinzu. Die Belegteile können mit leichter Gewebeeinlage verstärkt werden – Ich hab' ganz frech darauf verzichtet. Bei den Saumbändchen hingegen ist das Bebügeln mit Bügeleinlage ein Muss.

Der schön schwingende Rock von Florenz eignet sich auch toll für einen feinen Rollsaum. In diesem Fall ist die Saumzugabe natürlich entsprechend geringer.

Tipps

Geübte Näher*innen basteln aus dem Fake-Wickeloberteil ganz einfach einen V-Ausschnitt. Einfach die Überlappung an der vorderen Mitte des vorderen Oberteils entfernen und den vorderen Beleg auch entsprechend kürzen. Beide Teile werden dann im Bruch zugeschnitten.

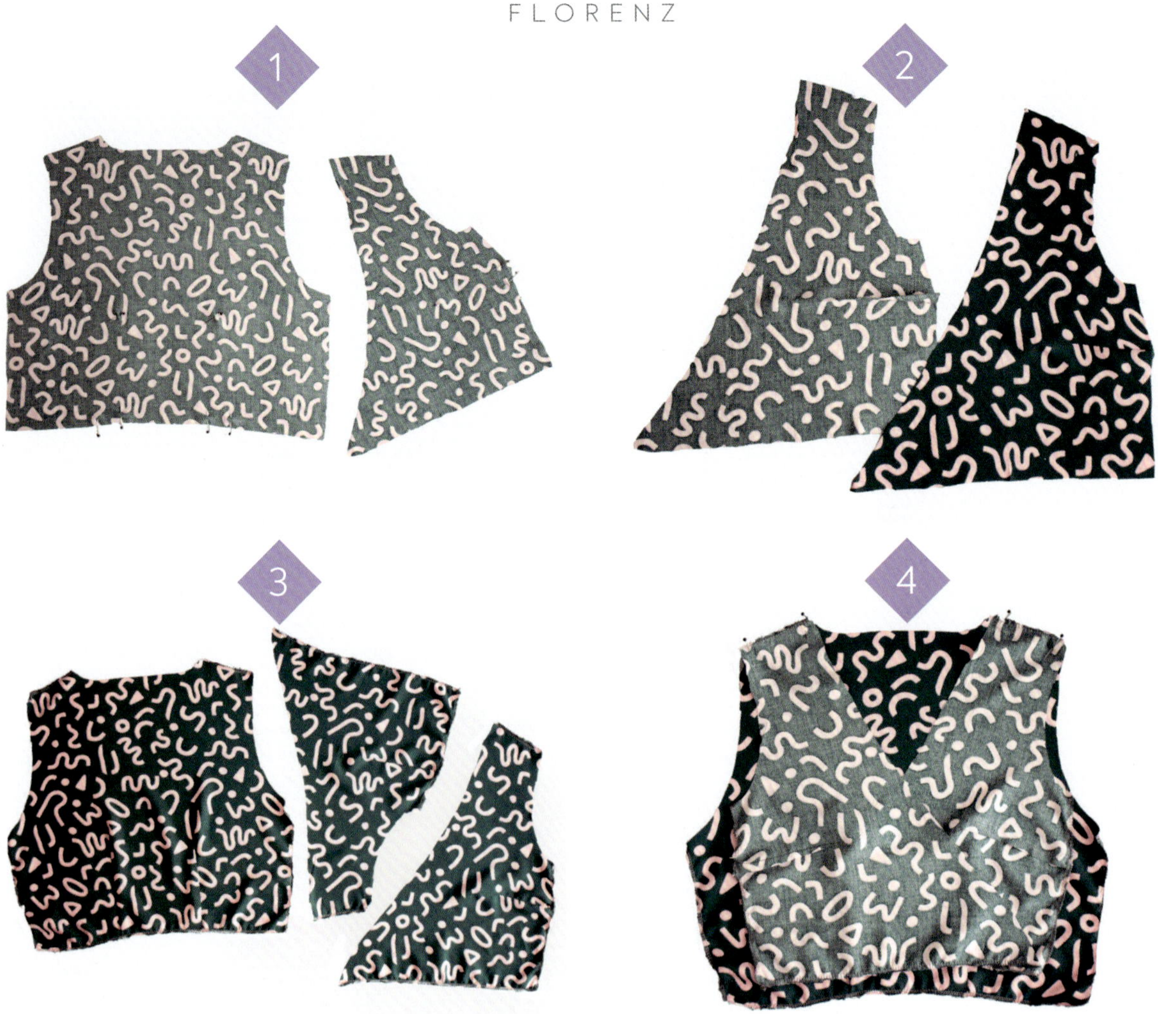

1. Florenz hat nicht nur Brustabnäher, sondern bringt auch gleich noch Rückenabnäher mit. Alle Abnäher werden gleichermaßen genäht und daher als Erstes auf dem Stoff eingezeichnet oder markiert.
2. Jetzt wird der Stoff innerhalb des Abnähers rechts auf rechts zusammengelegt und vom Rand bis zur Spitze genäht. An der Spitze wird der Faden nicht abgeschnitten, sondern lang stehen gelassen und verknotet. Dann wird der Abnäher in Form gebügelt. Am besten geht das übrigens mit einem Bügelei.
3. Alle Abnäher sitzen? Spätestens jetzt sollten die Schnittteile versäubert werden!
4. Die beiden Vorderteile und das Rückteil werden an den Schultern rechts auf rechts aneinander genäht. Zur Sicherheit kontrolliere ich bei geteilten Vorderteilen nach dem Stecken und vor dem Nähen noch mal, ob nichts vertauscht wurde.

5. Die Naht wird schön auseinandergebügelt und das Ganze wird beim Beleg wiederholt: Beide Vorderteilbelege werden rechts auf rechts an den Rückteilbeleg genäht und die Nähte danach auseinandergebügelt.

6. Anschließend wird der Beleg rechts auf rechts an das Oberteil des Kleids genäht ...

7. ... und dann nach innen geschlagen, bevor er von rechts nochmal abgesteppt wird.

8. Die beiden Seitennähte des Oberteils werden rechts auf rechts geschlossen.

9

10

11

12

9. Kommen wir zu den Ärmeln und ihren Armabschlüssen. Als Erstes wird an beiden Ärmeln die Naht rechts auf rechts geschlossen.

10. Das Saumbändchen (kein Bündchen, es ist ja nicht dehnbar!) wird rechts auf rechts an der kurzen Seite zum Ring geschlossen und links auf links gefaltet.

11. Da das Bändchen schmaler als der Ärmel ist, muss dieser gekräuselt werden. Dazu nähe ich einfach mit maximaler Stichlänge innerhalb der Nahtzugabe einmal ringsherum, ohne die Naht zu verriegeln. Wenn man nun am Unterfaden zieht, kräuselt sich der Stoff.

12. Der Ärmel wird solange eingekräuselt, bis er der Weite des Bändchens entspricht. Dieses wird dann rechts auf rechts angenäht.

13

14

15

16

13. Wer mag, darf das angenähte Bändchen gerne noch knappkantig absteppen. Ich habe darauf verzichtet.

14. Die Ärmel werden rechts auf rechts unter Berücksichtigung der Markierungen in die Armlöcher des Oberteils genäht.

15. Nun fehlt nur noch der Rock, um das Oberteil zum Kleid zu machen. Dazu wird die Seitennaht rechts auf rechts geschlossen.

16. Es ist soweit: Der Rock kommt an das Oberteil.

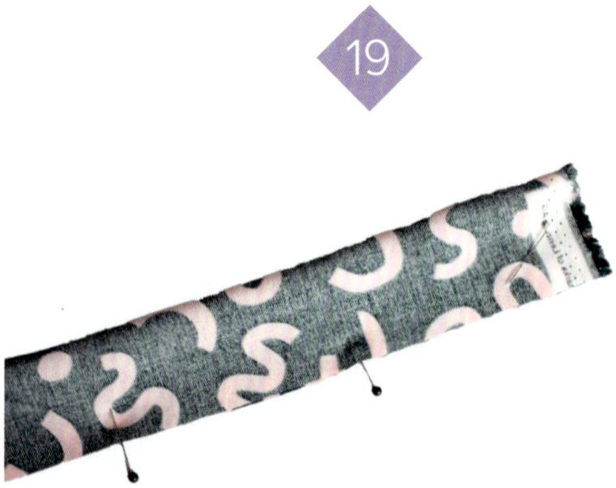

17. Ich nähe ihn einfach rechts auf rechts an das Oberteil. Wer möchte, kann beim Nähen ein leicht gedehntes Gummiband mitfassen. So sitzt das Kleid später etwas mehr auf der Taille.

18. Das Bindeband möchte ich gerne überlang haben. Wenn der Stoff in der Länge nicht mehr ausreicht, kann auch einfach gestückelt werden.

19. Ich lege das Stoffstück rechts auf rechts im Umbruch und nähe es aufeinander. Dabei lasse ich relativ mittig eine große Wendeöffnung.

20. Spitz zulaufende Bänder finde ich sehr hübsch, deshalb habe ich das Band nicht einfach komplett mit 1 cm Nahtzugabe genäht, sondern meine Naht zum Ende hin flach auslaufen lassen. Die Nahtzugabe muss vor dem Wenden noch etwas zurückgeschnitten werden – allerdings nicht im Bereich der Wendeöffnung.

21

22

21. Ungefähr sieben Stunden später ist das Stoffstück auch schon gewendet ... Spaß beiseite, wir sind kurz vor dem Ziel. Das Bindeband wird gebügelt und knappkantig abgesteppt. Dabei wird die Wendeöffnung geschlossen. Wer nicht absteppen will, darf sie natürlich auch mit einem Leiterstich von Hand schließen.

22. Ist es nicht schön geworden? Wo findet die nächste Party statt?!

Tipps

Wer mag, fixiert seinen persönlichen „Wohlfühl-Ausschnitt“ am besten mit ein, zwei Stichen, um sich künftig das Herumzupfen und die Sorge um zu tiefe Einblicke zu ersparen.

SHIRT *Sydney*

ÄRMELLOSES SHIRT

SHIRT SYDNEY LÄDT MIT SEINER SCHRÄGBANDVERARBEITUNG ZU MUSTER-EXPERIMENTEN EIN, MACHT ABER AUCH UNIFARBEN EINE GUTE FIGUR.

MATERIAL UND ZUSCHNITT:

80 cm Jerseystoff, siehe Seite 19

- 1x Vorderteil im Bruch
- 1x Rückteil im Bruch

Schrägband für die Armausschnitte und den Halsausschnitt (am Schnittmuster ausmessen, das Schrägband muss nicht am Stück sein, sondern kann auch aus 3 Teilen bestehen)

Alle Schnittteile findest du auf SB 3.

Ich habe feine Viskosewebware verwendet und versäubere diese mit der Overlock. Nähen werde ich mit der Nähmaschine und einer Nahtzugabe von 1 cm. Die Saumzugabe beträgt mindestens 1,5 cm.

Tipp

Selbstgemachtes Schrägband ist viel angenehmer zu verarbeiten als die meisten gekauften Bänder, da man es zur Stoffqualität passend herstellen kann. Und wie man an meinem Beispiel sieht, muss es gar nicht derselbe Stoff sein. Ein Stoffrest mit anderem Muster und in derselben Qualität eignet sich ebenfalls ganz wunderbar. Besonders harmonisch wird der Mustermix, wenn beide Stoffe dieselbe Farbwelt oder zumindest eine verbindende Farbe besitzen. Dass mein Hauptstoff gar kein Schwarz enthält, stört überhaupt nicht, da das Rosa perfekt zu den Blättern passt und somit die Verbindung herstellt.

1

2

3

4

1. Ich starte mit der Herstellung von Schrägband. Wer gekauftes Band nimmt, beginnt mit Punkt 5. Da ich im Besitz eines Schrägbandformers bin, nutze ich diesen und schneide meine Stoffstreifen im schrägen Fadenlauf (d. h. 45 Grad gedreht) auf die entsprechende Länge zu.

2. Schräger Fadenlauf bedeutet, dass sich der Stoff später perfekt in die Rundung legen kann, heißt aber auch: „Ciao, stoffsparender Zuschnitt.“ Hier muss man einfach in die Vollen gehen. Ich benötige drei Stoffstreifen von etwa 50 cm Länge. Da ich einen Stoffrest verwende, bei dem die Diagonale nicht für das Halsloch ausreichend ist, muss ich stückeln. Hierzu werden zwei Streifen wie im Bild übereinander gelegt …

3. … und miteinander verbunden. Der Überstand wird knapp abgeschnitten.

4. Nun ziehe ich meine Stoffstreifen durch meinen Schrägbandformer, wodurch sie in Form gebracht werden und ich nur noch bügeln muss. Wer keinen Former im Nähkästchen hat, muss ohne Hilfsmittel beide Kanten zur Mitte bügeln.

5

6

7

8

5. Lege Vorder- und Rückteil rechts auf rechts und schließe eine Schulternaht. Achtung, wirklich nur eine!

6. Die Naht wird je nach verwendetem Stoff entweder auseinandergestrichen oder schön flach auseinandergebügelt.

7. Der Schrägbandstreifen wird nun an den Armausschnitt gesteckt. Ich nähe ihn geschlossen an. Dabei wird er in der Mitte gefaltet und die beiden Hälften umschließen die Stoffkante. Ich nutze hier gerne viele Nadeln. Für das Annähen hat sich der Schmalkantsäumer bewährt. Man kann das Annähen auch geöffnet machen – das kann jede*r selbst entscheiden.

8. So sieht das fertig angenähte Schrägband aus. Den überstehenden Rest kann man einfach bündig abschneiden, um ihn am Ausschnitt auf die gleiche Art anzunähen. In meinem Fall steht er erst mal über, da ich mit dem Rest nichts mehr anfangen kann und zum nächsten Streifen greife.

9

10

11

12

9. Nun schließe ich die zweite Schulternaht rechts auf rechts. Im Gegensatz zur ersten ist hier nun das Schrägband vom Halsausschnitt schon angenäht und man muss darauf achten, dass dieses perfekt aufeinanderliegt.

10. Die zweite Schulternaht wird ebenfalls sauber auseinandergebügelt und schon stört der Schrägbandzipfel gar nicht mehr.

11. Der zweite Armausschnitt wird jetzt genauso wie der erste mit Schrägband eingefasst. Danach schließe ich die Seitennähte und achte dabei, wie zuvor bei der Schulternaht, auf das Schrägband.

12. Nun fehlt nur noch der Saum. Dazu die untere Kante nach Belieben einmal oder doppelt einschlagen und von rechts absteppen. Schon ist das ärmellose Top bereit für ein Date mit dem Sommer.

SPITZENKLEID *Sevilla*

GEFÜTTERTES SPITZENKLEID MIT GEKRÄUSELTEM ARM

DAMIT DU DIR UM DAS DARUNTER KEINE GEDANKEN MACHEN MUSST, BRINGT DAS SPITZENKLEID SEVILLA SEIN UNTERKLEID EINFACH MIT.

MATERIAL UND ZUSCHNITT:

1,5 m Oberstoff und 1 m Futterstoff, siehe Seite 19

30 cm Gummiband (0,5–1 cm Breite, je dünner, umso besser) für die Ärmel

Aus Oberstoff:
- 1x Vorderteil im Bruch
- 1 x Rückteil im Bruch
- 2x Ärmel gegengleich

Aus Futterstoff:
- 1x Vorderteil im Bruch
- 1 x Rückteil im Bruch

Alle Schnittteile findest du auf SB 4 und 5.

Beachte beim Zuschnitt, dass es kein separates Futterteil gibt – hier werden das an der Linie gekürzte Vorder- und Rückteil verwendet.

Gib eine Nahtzugabe von 1 cm und mindestens 1,5 cm Saumzugabe zum Schnitt hinzu. Alle Schnittteile werden versäubert.

Tipps

Wer kein Unterkleid benötigt, kann sich auch ganz leicht selbst einen Beleg zuschneiden und sich bei den Nähschritten an Kleid Wien orientieren.

Tipp

Nimm dir Zeit für die Stoffauswahl und die Auswahl des passenden Futters. Je mehr es dem Farbton der Haut entspricht, desto weniger fällt es auf. Aber auch Kontrastfarben können toll aussehen – einfach mal ausprobieren.

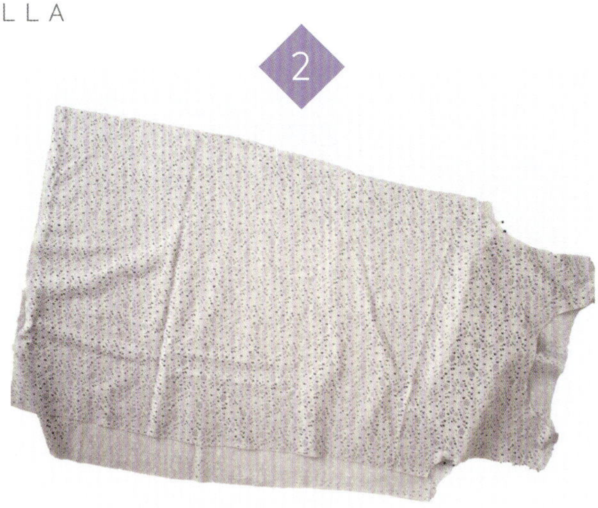

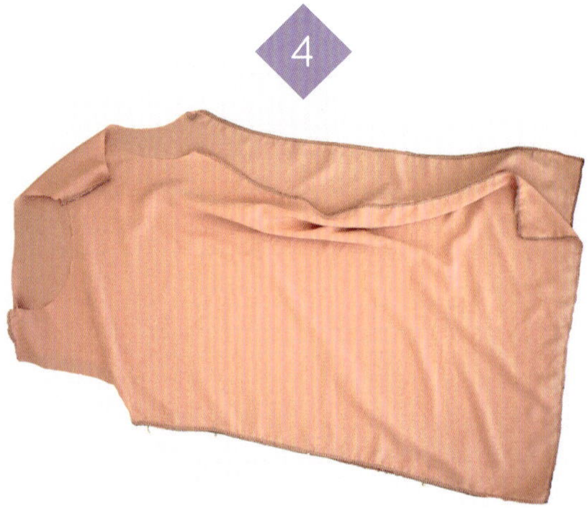

1. Stecke das Vorderteil und das Rückteil aus Oberstoff rechts auf rechts und schließe die Schulternähte.
2. Schließe die Seitennähte ebenfalls rechts auf rechts.
3. Nun kommen wir zum Unterkleid: Auch hier werden Vorder- und Rückteil rechts auf rechts gelegt und die Schulternähte geschlossen.
4. Anschließend werden die Seitennähte des Unterkleids rechts auf rechts geschlossen.

5

6

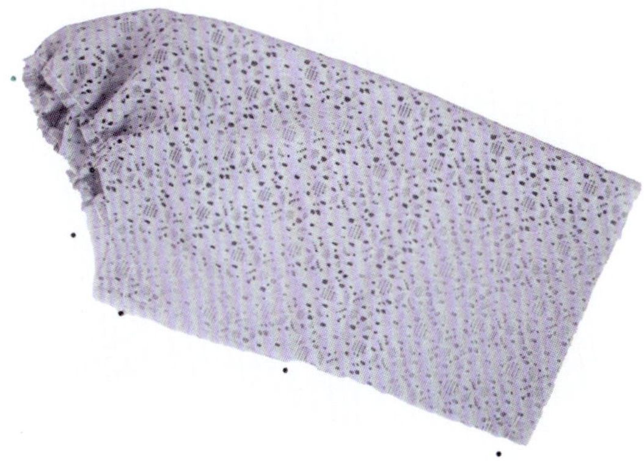

7

8

5. Bevor es mit dem Kleid weitergeht, bereite ich noch die beiden Ärmel vor. Sie müssen an der Armkugel ganz leicht gekräuselt werden. Hierfür einfach mit einem langen Geradstich innerhalb der Nahtzugabe nähen. Anfang und Ende werden nicht verriegelt. Zieht man am Unterfaden, kräuselt sich der Ärmel.

6. Die Seitennaht der beiden Ärmel wird jeweils rechts auf rechts geschlossen.

7. Zurück zum Kleid: Ober- und Unterkleid werden rechts auf rechts ineinandergelegt und am Halsausschnitt verstürzt (siehe Seite 17). Bei Bedarf kann der Ausschnitt auch noch von rechts abgesteppt werden.

8. Damit nichts verrutscht, fixiere ich Ober- und Unterkleid am Armausschnitt innerhalb der Nahtzugabe.

9

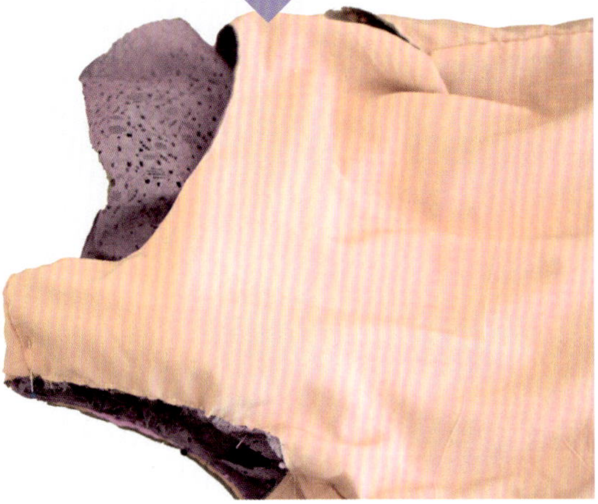

10

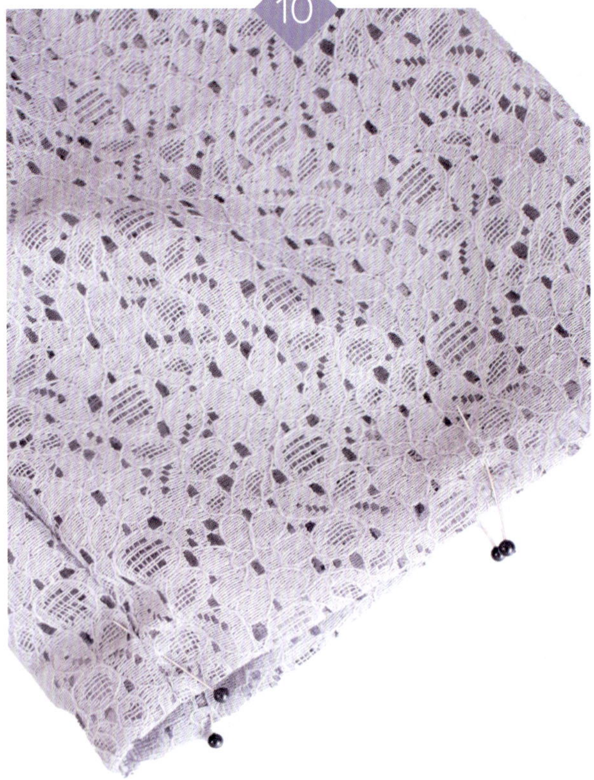

11

9. Nun kommen die Ärmel ans Kleid. Das Kleid ist dabei auf links gedreht, der Ärmel auf rechts. Der Ärmel wird unter Berücksichtigung der Markierungen ins Armloch des Kleids gesteckt und liegt dort rechts auf rechts. Gegebenenfalls muss die Kräuselung noch angepasst und gleichmäßig verteilt werden, bevor die Ärmel angenäht werden.

10. Einmal Ärmel säumen bitte und dabei an eine kleine Lücke für das Gummiband denken. Ich habe Glück und kann das Gummiband bei meinem Stoff durch die Lücken schieben. Ich habe übrigens extra dünnes graues Band gekauft, damit es nicht durchscheint.

11. Nun werden nur noch die Säume von Ober- und Unterkleid getrennt voneinander gesäumt und schon ist Sevilla fertig für die nächste Party!

PULLOVER *Porto*

PULLOVER MIT GEKRÄUSELTEM ÄRMEL IN 3/4-LÄNGE

EIN BASIC-PULLI SOLLTE IN KEINER GARDEROBE FEHLEN. DIESER KOMMT MIT EINEM KLEINEN ÄRMEL-UPGRADE IN FORM EINER ZARTEN KRÄUSELUNG DAHER.

MATERIAL UND ZUSCHNITT:

1,50 m Sweat oder 1,20 m Sweat und Bündchenstoff, siehe Seite 19

- 1x Vorderteil im Bruch
- 1x Rückteil im Bruch
- 2x Ärmel gegengleich
- 2x Armbündchen
- 1x Halsbündchen
- 1x Saumbund im Bruch

Alle Schnittteile findest du auf SB 6.

Ich schneide mit einer Nahtzugabe von 0,7 cm zu und nähe den kompletten Pulli mit der Overlock.

Tipps

Bündchenstoff ist nicht gleich Bündchenstoff und Sweat ist kein Bündchenstoff! Die Dehnbarkeit unterscheidet sich stark. ich schneide immer lieber ein bisschen großzügiger zu und teste dann, ob ich das Bündchenstück auf die vorgesehene Länge dehnen kann.

1

2

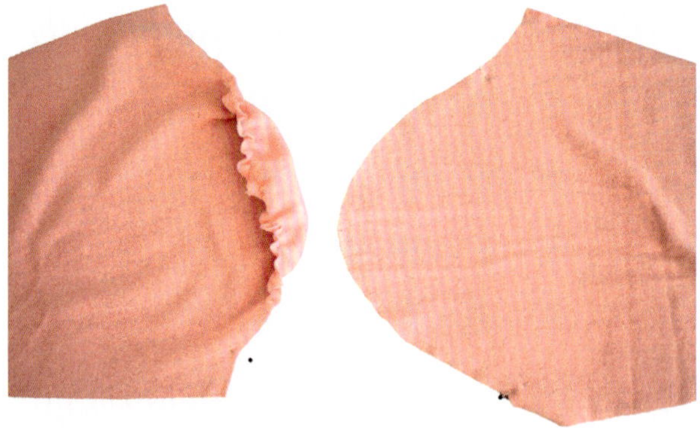

3

4

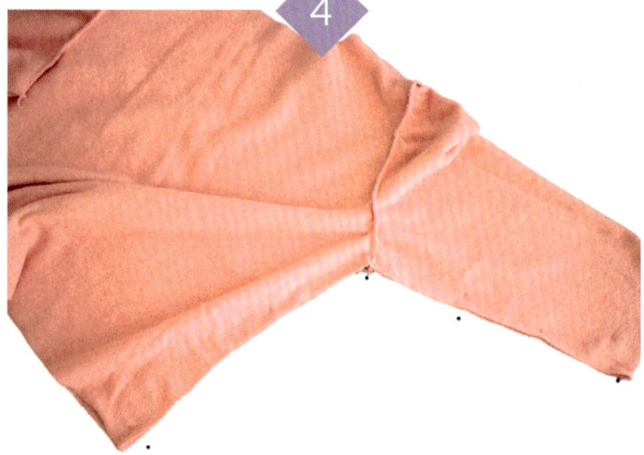

1. Stecke Vorderteil und Rückteil rechts auf rechts und schließe die Schulternähte.
2. Statt den Ärmel nun direkt in die Armkugel zu stecken, muss er noch zwischen den beiden Markierungen gekräuselt werden. Das funktioniert am besten, wenn man mit einem langen Geradstich die Strecke innerhalb der Nahtzugabe näht und dabei am Anfang und Ende nicht verriegelt und die Fäden lang lässt. Nun wird vorsichtig am Unterfaden gezogen, bis sich der Stoff kräuselt.
3. So auf die richtige Länge gebracht, kann der Ärmel ganz einfach rechts auf rechts unter Beachtung der Passzeichen eingenäht werden.
4. Sind beide Ärmel angenäht, werden die Seitennähte rechts auf rechts vom Ärmel bis zum Saum geschlossen.

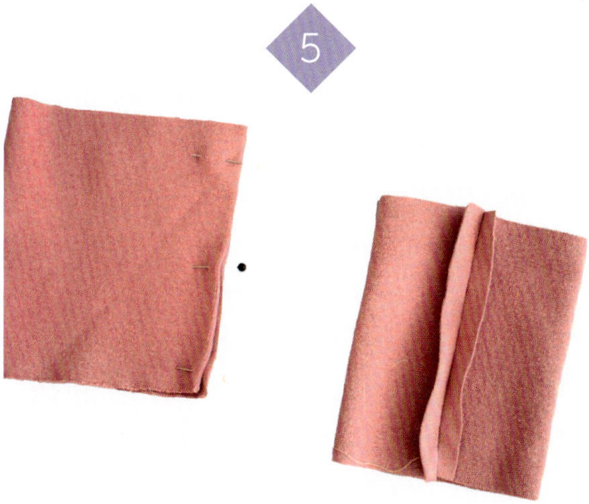

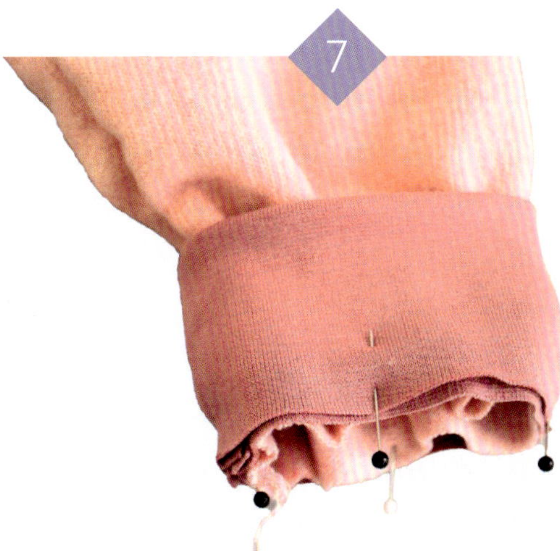

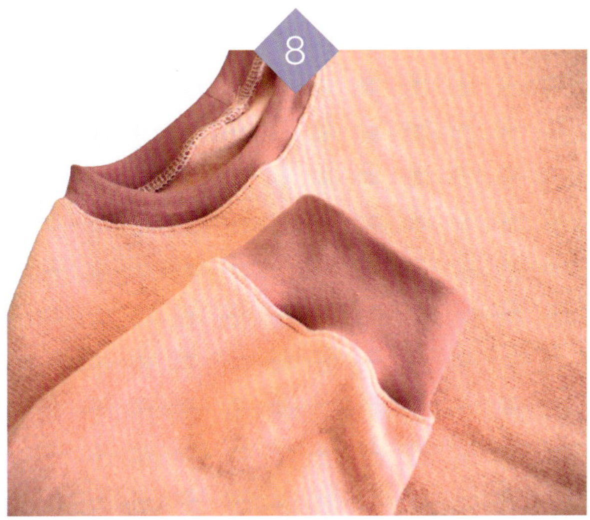

5. Fehlen noch die vier Bündchen. Ob ganz schmal wie Halsbündchen oder breit wie Arm- und Bauchbündchen, genäht werden alle Bündchen gleich. Als Erstes werden sie rechts auf rechts zum Ring geschlossen …

6. … und dann im Umbruch links auf links gefaltet.

7. So können sie mit der offenen Seite in Richtung Stoffkante gleichmäßig an den Stoff gesteckt werden. Das Bündchen ist kürzer als der Stoff und wird beim Nähen gleichmäßig auf dessen Länge gedehnt. Der Stoff darf dabei nicht gedehnt werden.

8. Ich steppe die Bündchen nach dem Festnähen gerne noch von rechts knappkantig ab.

PALAZZOHOSE *Prag*

SCHLICHTE PALAZZOHOSE MIT TASCHEN
KEINE ANGST VOR HOSEN! DIESE PALAZZOHOSE IST FAST SO SCHNELL GENÄHT WIE EINE JOGGINGHOSE – EHRLICH!

MATERIAL UND ZUSCHNITT:

2,30 m Webware, siehe Seite 20

4 cm breites Gummiband in Taillenlänge

Bügeleinlage/Vlieseline

- 2x Vorderhose gegengleich
- 2x Hinterhose gegengleich
- 1x vorderer Bund
- 1x hinterer Bund im Bruch
- 2x vorderer Taschenbeutel gegengleich
- 2x hinterer Taschenbeutel gegengleich

Alle Schnittteile findest du auf SB 3.

Ich schneide mit einer Nahtzugabe von 1 cm zu und versäubere alle Schnittteile vor dem Nähen mit der Overlock. Außerdem bügle ich dünne Vlieseline auf die beiden Bund-Schnittteile.

Tipp

Ich habe die Schnittteile quer zum Fadenlauf auf den Stoff gelegt und habe deshalb einen deutlich geringeren Stoffverbrauch. Einfach mal testen, wie sich der ausgesuchte Stoff verhält – oft macht es keinen Unterschied.

1

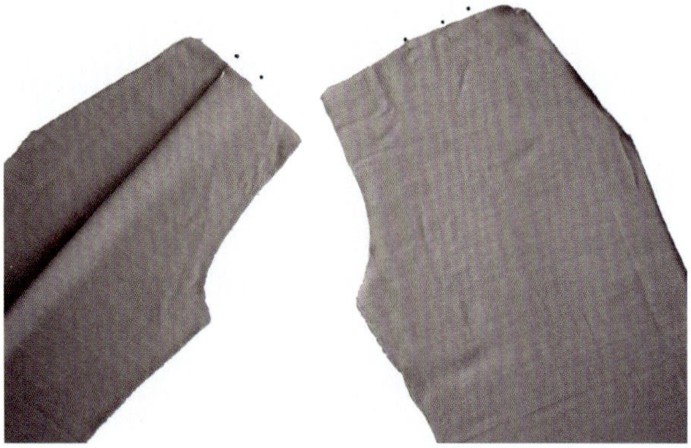

2

3

4

1. Übertrage die Markierungen für die Falte auf den Stoff und stecke die beiden Falten. Ich stecke immer beide Falten gleichzeitig und lege die Schnittteile dann zur Kontrolle vor mich hin. Es wäre nicht das erste Mal, dass sich eine Falte nach außen und eine nach innen öffnet … Nähe sie dann innerhalb der Nahtzugabe fest.

2. Lege den vorderen Taschenbeutel rechts auf rechts auf das vordere Hosenteil und nähe ihn fest.

3. Klappe die Taschenbeutel um, bügle die Naht und steppe die gerade Strecke von rechts ab. Das Gleiche machst du mit der anderen Seite.

4. Stecke die hinteren Taschenbeutel rechts auf rechts auf die vorderen Beutel und nähe sie jeweils in der Rundung fest. Hierbei werden nur die beiden Taschenteile genäht, nicht die Hose.

5

6

7

8

5. So sieht das Ganze von vorne aus. Damit die Taschen nicht verrutschen, dürfen sie oben innerhalb der Nahtzugabe an der Hose festgesteppt werden.

6. Lege die Vorder- und Hinterhosen jeweils rechts auf rechts und schließe die Seitennähte. Achte auf die richtige Lage der Taschenbeutel – sie werden mitgefasst und so verschlossen.

7. Bügeln schadet nicht!

8. Nun werden die inneren Beinnähte ebenfalls rechts auf rechts geschlossen.

9

10

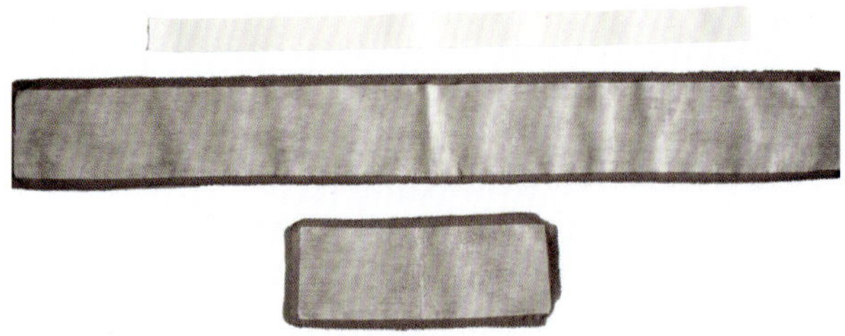

11

12

9. Ein Hosenbein wird auf links gedreht, eines auf rechts. So ineinandergesteckt, kann die Naht im Schritt rechts auf rechts geschlossen werden.

10. Nun kommt der Bund. Das Gummiband wird direkt mit eingenäht, deshalb muss die Länge ermittelt werden. Vorderer Bund plus Gummiband ergibt die Bundweite. Ich stecke das Gummiband an den Bund und teste, ob ich beides zusammen über die Hüfte bekomme und es dort bleibt.

11. Das Gummiband wird an die kurzen Kanten des hinteren Bunds genäht. Es liegt so, dass der Bund nachher im Umbruch gefaltet werden kann und das Gummiband direkt im Umbruch und nicht in der Nahtzugabe liegt.

12. Die beiden Bundteile werden nun an den kurzen Seiten rechts auf rechts zu einem Ring zusammengenäht. Das Gummiband ist ja schon fest und kann daher ignoriert werden.

13

14

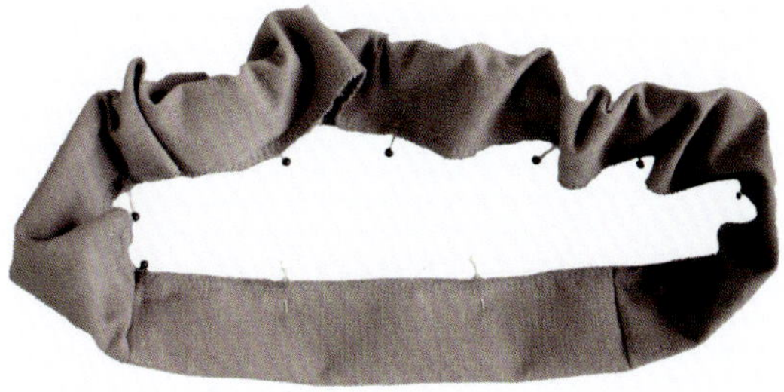

15

16

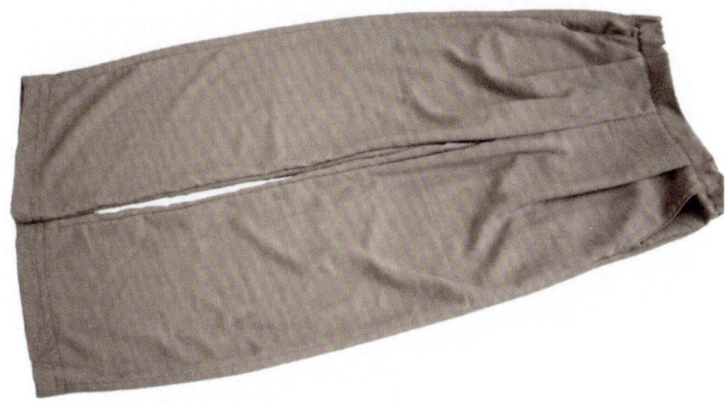

13. So sieht der Bund aus, bevor er im Umbruch gefaltet wird und das Gummiband im Inneren verschwindet.

14. Schließe nach dem Falten gegebenenfalls die untere Seite des Bunds, um ihn leichter annähen zu können.

15. Nähe den Bund an die Hose (dabei wird das Gummiband gedehnt) und steppe ihn von rechts ab.

16. Jetzt nur noch die Hosenbeine säumen und über die neue Hose freuen!

BLAZER
Boston

LÄSSIGER BOYFRIEND-BLAZER
OB ZU JEANS ODER ZUM SCHMALEN ROCK – MIT DIESEM BLAZER IST MAN IN JEDER LEBENSLAGE GUT ANGEZOGEN.

MATERIAL UND ZUSCHNITT:

1,80 m Oberstoff und 1,50 m Futter, siehe Seite 20

1 Knopf

Bügeleinlage

Achtung, Oberstoff und Futter haben für Vorder- und Rückteil jeweils eigene Schnittteile!

Aus Oberstoff:
- 2x Unterärmel gegengleich
- 2x Oberärmel gegengleich
- 2x Rückteil gegengleich
- 2x Vorderteil gegengleich
- 2x Vorderteilbeleg gegengleich
- 1x Rückteilbeleg im Bruch
- 2x Tasche
- 1x Unterkragen im Bruch
- 1x Oberkragen im Bruch

Aus Futterstoff:
- 2x Unterärmel gegengleich
- 2x Oberärmel gegengleich
- 1x Rückteil-Futter im Bruch
- 2x Vorderteil-Futter gegengleich

Alle Schnittteile findest du auf SB 1.

Alle Schnittteile werden mit 1 cm Nahtzugabe zugeschnitten und vor dem Nähen versäubert. Außerdem sollte dünne Vlieseline auf die Rückseite von Ober- und Unterkragen sowie die Rückseite der Vorderteilbelege aufgebügelt werden. Ich muss meinen festen Romanitjersey nicht versäubern, und lasse mir mit dem Bebügeln des Belegs auch noch etwas Zeit, da ich mich nicht entscheiden kann.

Tipps

Die Stoffwahl macht den Blazer! Farbiges Innenfutter ist ein klasse Hingucker, schränkt aber beim Kombinieren ein. Da es durch die locker gekrempelten Ärmel immer sichtbar ist, lohnt sich vor dem Zuschnitt ein Blick auf die Kombi-Teile im Kleiderschrank.

1

2

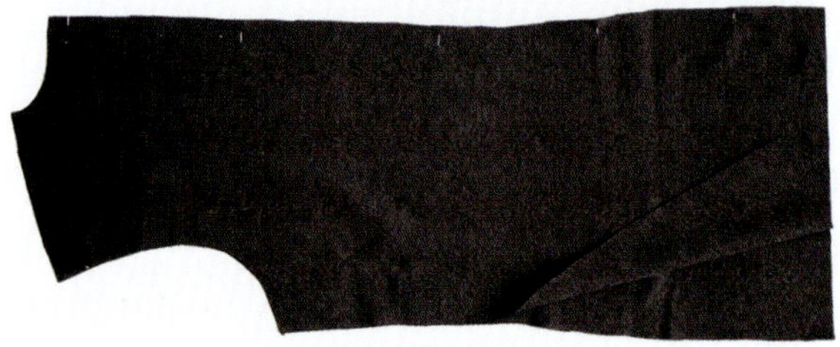

3

4

1. Wir starten ganz entspannt mit den Ärmeln aus Oberstoff und nähen Ober- und Unterärmel rechts auf rechts aneinander. Wer möchte, steppt die Naht noch ab.
2. Nun werden die beiden Rückteile in der hinteren Mitte rechts auf rechts aneinandergenäht.
3. Auch hier kann die Naht wieder von rechts abgesteppt werden.
4. Weiter geht's mit den beiden aufgesetzten Taschen: Ich bügle die untere und die seitlichen Kanten um, nähe dann die offene Oberkante links auf links um und sichere die drei anderen Kanten,...

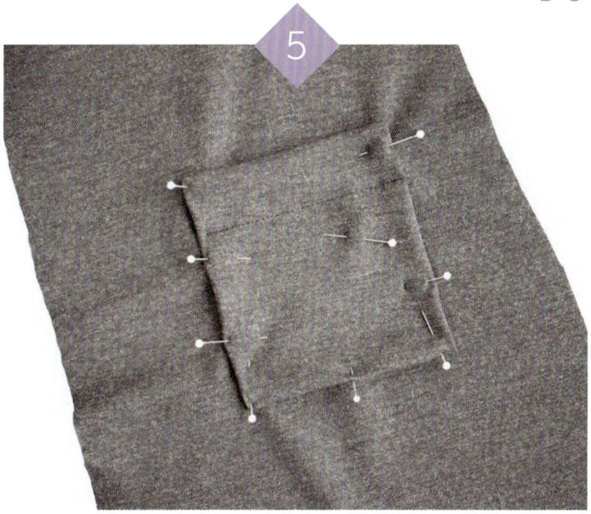

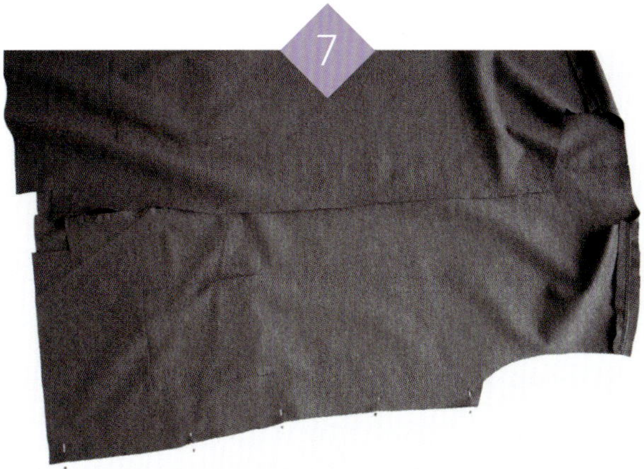

5. … sie werden direkt auf die beiden Vorderteile aufgenäht und nicht vorher extra umgenäht.

6. Das Rückteil und die beiden Vorderteile werden rechts auf rechts an der Schulter gesteckt und genäht. Wer mag, steppt auch hier die Naht von rechts ab.

7. Die Seitennähte des Blazers werden rechts auf rechts geschlossen.

8. Auch die noch offenen Ärmel werden rechts auf rechts geschlossen …

9

10

11

12

9. … und in den Blazer eingenäht. Dazu liegt der Blazer aus Oberstoff mit der linken Stoffseite nach außen. Der Ärmel wird rechts auf rechts ins Armloch gesteckt. Die Markierungen treffen sich. Die Einhalteweite (siehe Seite 13) wird gleichmäßig verteilt und der Ärmel eingenäht.

10. Bevor wir zum „Angstgegner“ Kragen kommen, nähen wir noch das Futter des Blazers. Die beiden Ärmelteile werden wie beim Außenstoff rechts auf rechts aneinandergenäht. Dann werden ebenfalls die noch offenen Kanten der Ärmel rechts auf rechts geschlossen.

11. Das Futter-Rückteil hat eine Mehrweite für ein angenehmeres Tragegefühl und einen besseren Fall des Oberstoffs. Am hinteren Halsausschnitt wird deshalb eine Falte gelegt und innerhalb der Nahtzugabe abgesteppt.

12. Erst jetzt passt der hintere Halslochbeleg genau an das Futter-Rückteil und wird rechts auf rechts festgenäht.

13

14

15

16

13. Die beiden Vorderteile des Futters werden rechts auf rechts an die Belege aus Oberstoff genäht. Beachte dabei, dass der Beleg aus Oberstoff länger ist als das Vorderteil aus Futterstoff …

14. … und dieser unten übersteht.

15. Die beiden Futter-Vorderteile und das Futter-Rückteil inklusive der Belege werden an den Schulternähten rechts auf rechts aneinandergenäht.

16. Als Nächstes werden die Seitennähte der Futterjacke rechts auf rechts geschlossen. Dabei lasse ich aber auf einer Seite eine Wendeöffnung. Sie darf ruhig etwas größer sein.

17

18

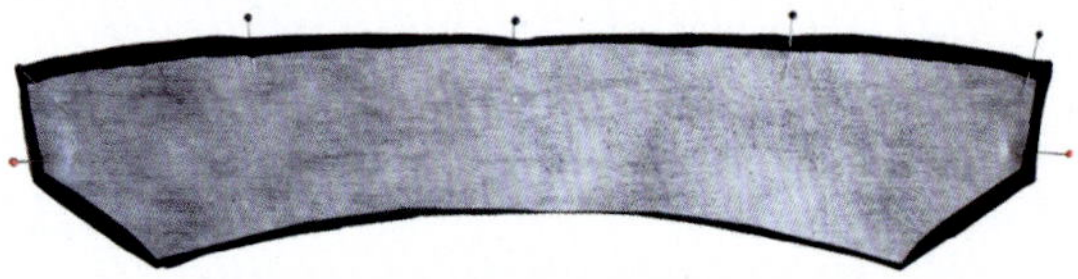

19

20

17. Die Futter-Ärmel werden auf die gleiche Weise eingenäht wie die Ärmel aus Oberstoff.

18. Ober- und Unterkragen werden an der langen Kante rechts auf rechts aneinandergenäht. Die untere Kante bliebt dabei offen. Die ganze gesteckte Strecke zwischen den beiden orangefarbenen Nadeln im Bild wird geschlossen. Die beiden Ecken werden danach schräg abgeschnitten und der Kragen gewendet und sauber ausgeformt.

19. Der Kragen wird nun rechts auf rechts an den Blazer gesteckt. Beachte die Markierungen! Ich nähe in Etappen, als Erstes ist die Gerade hinten zwischen den beiden orangen Stecknadeln an der Reihe. Gestoppt wird 1cm vor Ende der Strecke.

20. Da sich der Stoff später schön legen soll, schneide ich die Nahtzugabe bis zum Endpunkt (orangefarbene Nadeln) der Naht ein – so kann ich die Stoffe drehen und den Rest der Strecke fertig stecken und ebenfalls nähen.

21. So sieht der angenähte Kragen nun aus. Als Nächstes machen wir uns an die Futterjacke.

22. Die Futterjacke wird genauso wie zuvor der Außenblazer an den Kragen gesteckt. Genäht wird auf der schon vorhandenen Nahtlinie.

23. Nachdem beide Blazer-Teile am Kragen zusammengenäht sind, werden sie auch noch auf der restlichen Strecke des Belegs aneinandergesteckt und genäht. Ich habe bis zur schwarzen Nadel genäht, dann die Nahtzugabe unten eingeschnitten und die kleine Strecke zwischen Beleg und hochgeklapptem Saum (zwischen den beiden Stecknadeln) gesteckt. Sie kann nach dem Einschneiden der unteren Nahtzugabe umgeklappt und angenäht werden. Der angeschnittene Saumbeleg wird dazu hochgeklappt und rechts auf rechts an den gerade genähten Beleg genäht.

24. Der angeschnittene Saumbeleg des Blazers wird nun nach oben geklappt und rechts auf rechts an der Futterjacke festgesteckt. Achte darauf, dass die Nähte aufeinandertreffen. Das Rückteil des Futterstoffs ist breiter, also wird hier die Mehrweite gleichmäßig aufs Rückteil des Oberstoffes verteilt. Der Futterstoff schlägt Falten und liegt nicht ganz glatt. Jetzt noch nähen.

25. Gewendet sieht es nun so aus und es fehlen nur noch die Ärmelsäume. Hier ist der Beleg ebenfalls im Oberstoff enthalten, weshalb der Futterärmel kürzer ist.

26. Der Blazer liegt so, dass er tragbar ist. Also ruhig mal in die Ärmel schlüpfen, damit hier nichts verdreht ist. Ich stecke die beiden Ärmel mit Klammern ganz grob so, wie sie später von links genäht werden. Dazu schlage ich die Stoffe links auf links ein und stecke sie rechts auf rechts fest.

27

28

27. Dann greife ich durch die Wendeöffnung, fasse die beiden Klammern und ziehe den Ärmel vorsichtig hervor. Da ich zuvor die Klammern gesetzt habe, sehe ich nun, wie ich die beiden Ärmelteile rechts auf rechts aneinandernähen muss.

28. Wird der Ärmel nun wieder durch die Wendeöffnung gezogen, ist er korrekt aneinandergenäht. Technik, die begeistert! Die Ärmel werden einmal umgeschlagen, damit man das Futter auch sehen kann. Die Zielgerade ist schon in Sichtweite und wir suchen noch schnell einen passenden Knopf aus, um die Größe des Knopflochs zu bestimmen und diesen annähen zu können.

29

30

29. Die Position für Knopf und Knopfloch entnehme ich dem Schnittmuster. Bei nur einem Knopf sind Knopfloch und Annähen des Knopfs schnell erledigt. Trotzdem nähe ich natürlich ein Probeknopfloch in ein Reststück meines Oberstoffs – sicher ist sicher! Ein Blick in die Anleitung der Nähmaschine kann da sehr hilfreich sein.

30. Wer möchte, fixiert noch die Futter- und Oberstoffärmel innerhalb ihrer Nahtzugabe an der Schulternaht, bevor die Wendeöffnung geschlossen wird. Fertig ist der neue Lieblingsblazer!

SCHÜRZENKLEID *Saloniki*

KLEID IM SCHÜRZENLOOK

BELEG-LIEBHABER*INNEN WERDEN SALONIKI LIEBEN. NICHT NUR DER HALSAUSSCHNITT, SONDERN AUCH DIE ARMLÖCHER WERDEN MIT BELEG VERARBEITET, UND WENN MAN EINMAL DEN BOGEN RAUS HAT, IST DAS KLEID RICHTIG SCHNELL GENÄHT.

MATERIAL UND ZUSCHNITT:

Leinenstoff, siehe Seite 21

1,40 m bei einem Stoff ohne Musterrichtung, 2 m bei einem Stoff mit Musterrichtung

Bügeleinlage

- 1x Vorderteil im Bruch
- 1x Rückteil im Bruch
- 1x Vorderteilbeleg im Bruch
- 1x Rückteilbeleg im Bruch
- 2x Armlochbeleg gegengleich

Alle Schnittteile findest du auf SB 6.

Gib eine Nahtzugabe von 1 cm und eine Saumzugabe von 1,5 cm zum Schnitt hinzu. Versäubere die Schnittteile und versehe die Belege mit dünner Einlage.

Tipp

Schneide die Belegteile erst grob zu, bebügle sie mit Einlage und erledige dann den ganz genauen Zuschnitt.

Tipps

Statt Saloniki im Bruch zuzuschneiden, können Vorder- und Rückteil für ein angesagtes Colour-Blocking-Kleid auch 2x gegengleich aus je zwei verschiedenen Stoffen werden. In der vorderen Mitte braucht es dann natürlich eine Nahtzugabe.

1

2

3

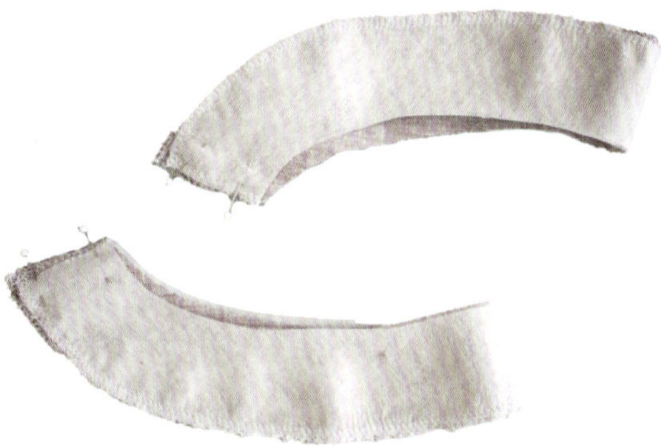

4

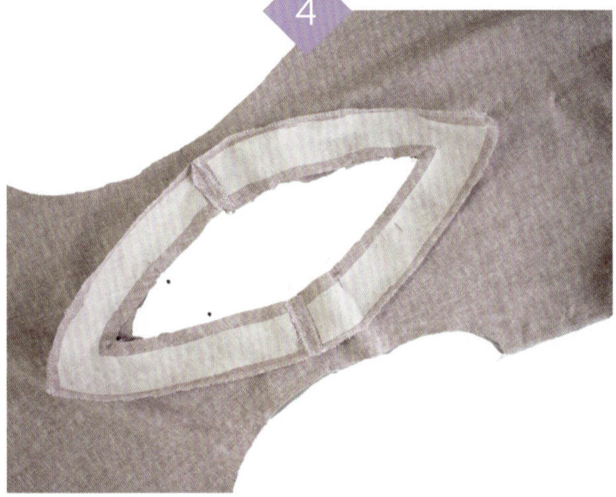

1. Stecke und nähe Vorderteil und Rückteil rechts auf rechts an den Schulternähten zusammen. Nähe Vorderteil- und Rückteilbeleg ebenso zusammen.
2. Bügle die vier Nähte sauber auseinander.
3. Auch die beiden Armlochbelege werden an der kurzen Seite rechts auf rechts aneinandergenäht und so zu einer Art Ring geschlossen. Auch hier werden die Nähte ordentlich auseinandergebügelt.
4. Der Ausschnittbeleg wird rechts auf rechts auf den Ausschnitt gesteckt und festgenäht.

5. Nachdem die Rundungen eingeschnitten sind, wird er auf die linke Seite gelegt …

6. … und dort festgenäht. Ob das knappkantig oder mit mehr Abstand passiert, darf individuell entschieden werden. Ich finde zu meinem etwas gröberen Leinenstoff passt mehr Abstand ganz gut.

7. Jetzt schließen wir die Seitennaht des Kleids rechts auf rechts.

8. Die vorbereiteten Belege für die beiden Armlöcher werden nun ebenso wie der Ausschnittbeleg zuvor rechts auf rechts festgenäht.

9

10

9. Nun wird die Nahtzugabe eingeschnitten, der Beleg nach innen geklappt und abgesteppt. Achtung, die Markierungen müssen sich treffen.

10. Zum Schluss säume ich das Kleid noch und verwende dabei den gleichen Abstand zur Kante wie beim Absteppen von Arm- und Halsausschnitt.

PULLOVER *Paris*

PULLOVER MIT TEILUNG UND STEPP-DETAILS

SCHLICHT UND ELEGANT MIT DEM GEWISSEN ETWAS: DER BESONDERE ÄRMELABSCHLUSS DIESES PULLOVERS IST GANZ EINFACH ZU NÄHEN, SIEHT ABER AUSSERGEWÖHNLICH AUS.

MATERIAL UND ZUSCHNITT:

1,60 m Sweat oder 1,30 Sweat und Bündchenware, siehe Seite 21

- 1x oberes Vorderteil im Bruch
- 1x unteres Vorderteil im Bruch
- 1x Rückteil im Bruch
- 2x Ärmel gegengleich
- 1x Halsbündchen
- 1x Saumbündchen im Bruch

Alle Schnittteile findest du auf SB 3.

Ich schneide mit einer Nahtzugabe von 0,7 cm zu. Da ich die Bündchen aus Oberstoff nähe, schneide ich sie sicherheitshalber ein kleines bisschen länger zu. Später halte ich sie an das Nähstück und entscheide, ob ich sie kürze. Bündchenware ist viel dehnbarer als Sweat und so muss ich kein zu kurz zugeschnittenes Schnittteil neu zuschneiden.

Tipp

Colour-Blocking geht immer! Wer den Pullover zum Beispiel zu Rock London kombiniert, kann hier geniale Looks entwerfen. Nur Mut! Ich finde ja die Kombination aus Rostrot und Flieder wahnsinnig schön.

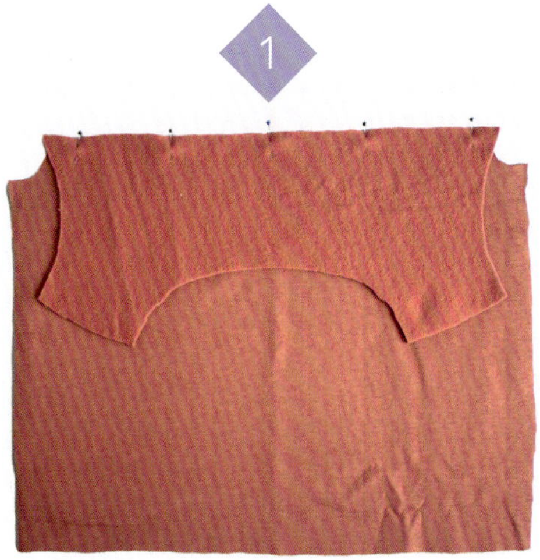

1. Aus zwei mach eins! Die beiden Vorderteile müssen an der Teilung rechts auf recht zu einem Teil zusammengenäht werden. Danach darf schon das erste Mal abgesteppt werden.
2. Stecke nun Vorder- und Rückteil rechts auf rechts und schließe die beiden Schulternähte. Auch hier darf abgesteppt werden. In Bild 5 kannst du einen Blick auf meine Steppnähte werfen.
3. Das Halsbündchen wird rechts auf rechts an der kurzen Seite zum Ring geschlossen …
4. … und im Umbruch links auf links gefaltet. Dann wird es gleichmäßig an den Halsausschnitt gesteckt. Beim Nähen wird das Bündchen auf die Länge des Ausschnitts gedehnt.

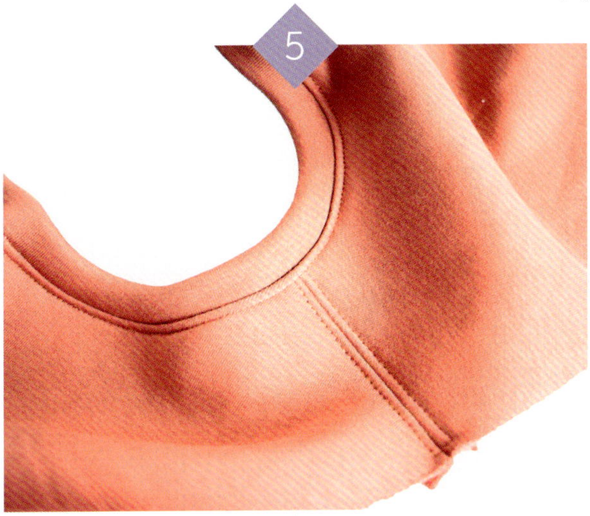

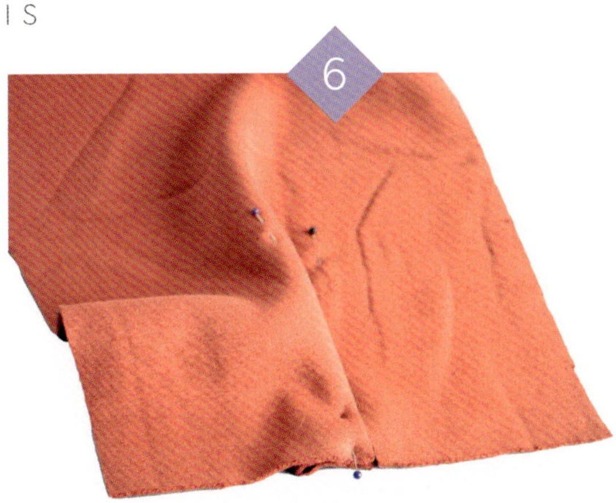

5. Es kann mal wieder abgesteppt werden! Diese Steppnaht dient nicht nur der Optik, sondern hilft auch, dass das Bündchen schön glatt liegt.

6. Bei den Ärmeln fangen wir mit dem Saum an. Die Falten werden wie im Bild zu sehen wie eine Ziehharmonika gelegt. Dazu stecke ich einfach zwei Nadeln jeweils oben und unten an der Markierung und führe diese zusammen.

7. Dann steppe ich die komplette Länge der Falte von oben nach unten ab. Am einfachsten und gleichmäßigsten geht das mit dem Schmalkantfüßchen.

8. Weiter gehts im Standard-Pulli-Programm: Die Ärmel werden rechts auf rechts unter Berücksichtigung der Markierungen in die Armlöcher eingenäht.

9. Die beiden Seitennähte werden rechts auf rechts vom Ärmel bis zum Saum geschlossen.

10. Und dann sind wir auch schon wieder beim Ärmel: Schlage diesen im Umbruch links auf links. Je nach Stoffart ist es nun hübscher, wenn man direkt neben der Kante absteppt oder, wie ich, auf das Säumen verzichtet und stattdessen den Umbruch innerhalb der Falte und der Nahtzugabe mit ein paar Stichen fixiert.

11. Das Saumbündchen wird wie das Halsbündchen genäht: Dazu an der kurzen Kante rechts auf rechts zum Ring schließen, im Umbruch links auf links falten und rechts auf rechts an den Pulli nähen.

12. Fertig! Natürlich erst, nachdem wir noch ein letztes Mal abgesteppt haben.

SWEATROCK *London*

SWEATROCK MIT SEITLICHEM SCHLITZ

EIN SCHNELL GENÄHTER SWEATROCK, DER TROTZDEM NACH MEHR AUSSIEHT? BITTESCHÖN!

MATERIAL UND ZUSCHNITT:

1,20 m fester Sweat, siehe Seite 21

Gummiband (4 cm Breite) in Taillenweite

Ich habe für das Modell in Gr. 36 übrigens nur 50 cm benötigt. Beim Kauf von Sweat lohnt sich immer ein Blick auf die Stoffbreite. Oft gibt es hier 150 cm oder gar 160 cm statt der gängigen 140 cm.

- 1x linker Vorderrock
- 1x rechter Vorderrock
- 1x Hinterrock im Bruch
- 1x linker Saumbeleg
- 1x rechter Saumbeleg
- 1x hinterer Saumbeleg im Bruch

Alle Schnittteile findest du auf SB 4.

Achtung beim Zuschnitt: Die beiden vorderen Belegteile müssen beide richtig herum auf den Stoff gelegt werden, da der Beleg nicht symmetrisch ist.

Ich schneide mit einer Nahtzugabe von 1 cm zu, da ich London komplett mit der Nähmaschine nähe. So werden die Nähte schön flach und ich kann sie sauber absteppen.

Tipp

Für das Absteppen eignet sich ein fester Sweatstoff besonders gut. Leider sieht so eine Steppnaht nicht bei jedem Stoff mit jeder Maschine wirklich gut aus. Wer sichergehen will, testet vorher an einem Probestück. Die gute Nachricht: Auch ohne Absteppen rockt der Rock!

1

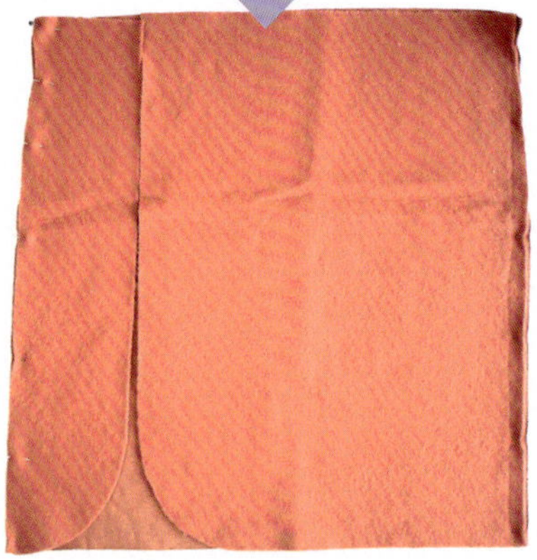

2

3

4

1. Stecke die beiden Vorderröcke rechts auf rechts an den Hinterrock und schließe die Seitennähte.

2. London ist ein Fest für Fans des knappkantigen Absteppens! Ich steppe alle genähten Nähte noch mal (doppelt) ab.

3. Die beiden Vorderröcke werden ebenfalls rechts auf rechts aneinandergenäht. Die Naht geht hier nur bis zur Rundung und mit dem Absteppen warten wir noch, bis der Beleg festgenäht ist.

4. Bevor der Beleg an den Saum kommt, muss er erst mal so zusammengenäht werden wie zuvor der Rock. Beide Vorderteile werden rechts auf rechts an den Hinterrockbeleg genäht.

5

6

7

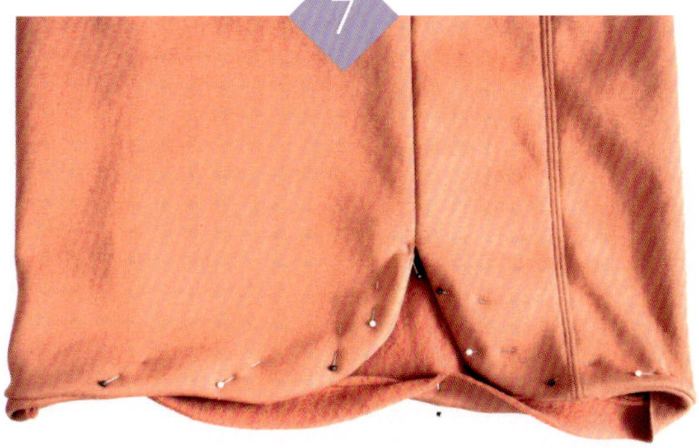

8

5. Die beiden Beleg-Vorderteile werden nun ebenfalls an der geraden Strecke bis zur Rundung rechts auf rechts zusammengenäht.

6. Der Saumbeleg wird nun rechts auf rechts an den Rocksaum gesteckt und festgenäht. Die Nähte treffen aufeinander.

7. Ist alles fest, wird der Beleg auf die linke Seite geschlagen und festgesteckt.

8. Beim knappkantigen Absteppen des Belegs wird nun auch die Naht zwischen den beiden Vorderröcken mit abgesteppt. Damit der Beleg nicht umklappt, kann er entweder noch mal weiter von der Kante entfernt festgesteppt werden oder – in meinem Fall schöner – mit einigen kleinen Stichen an der langen Rückseite fixiert werden.

9

10

9. Der Umbruch für den Bund ist im Schnitt eingezeichnet. Er wird umgebügelt und festgesteppt. Dabei wird eine kleine Öffnung zum Einfädeln des Gummibands gelassen. Das Gummiband wird mit Hilfe einer Sicherheitsnadel eingezogen und zum Ring geschlossen.

10. Ist das Gummiband an Ort und Stelle, kann auch die Bundnaht noch mal abgesteppt werden. Dabei wird dann auch die Mini-Öffnung vom Gummiband geschlossen. Ich fixiere das Gummiband noch mit ein paar Stichen in der Seitennaht, damit sich beim Waschen nichts verdreht. Fertig ist der Rock!

TROYER Trondheim

TRENDY TROYER MIT TEILUNG
DER TROYER IST AUS KUSCHELFLEECE EIN PRIMA DRÜBER-TEIL, KANN ABER AUCH ALS PULLOVER AUS SWEAT GENÄHT WERDEN.

MATERIAL UND ZUSCHNITT:

1,50 m Oberstoff und 50 cm Bündchen, siehe Seite 22

5 Druckknöpfe

Bügeleinlage

- 2x oberes Vorderteil gegengleich
- 1x unteres Vorderteil im Bruch
- 1 x oberes Rückteil im Bruch
- 1 x unteres Rückteil im Bruch
- 2x Knopfleiste
- 1x Kragen
- 2x Ärmel gegengleich

Alle Schnittteile findest du auf SB 5.

Ich nähe den Troyer zwar mit der Overlock und somit nur mit 0,5 cm Nahtzugabe, an der Knopfleiste weiche ich aber auf die Nähmaschine aus und schneide deshalb mit 1 cm Zugabe zu.

Je nach Dehnbarkeit des Stoffs bietet es sich an, den Troyer eine Nummer größer zu wählen. Vor allem, wenn er eher Jacke als Pulli sein soll.

Tipp

Colour-Blocking-Version, um Stoff zu sparen? Oh yes! So reicht der Kuschelstoff noch für mindestens einen Kinderpulli und eine Crossbody-Bag.

1

2

3

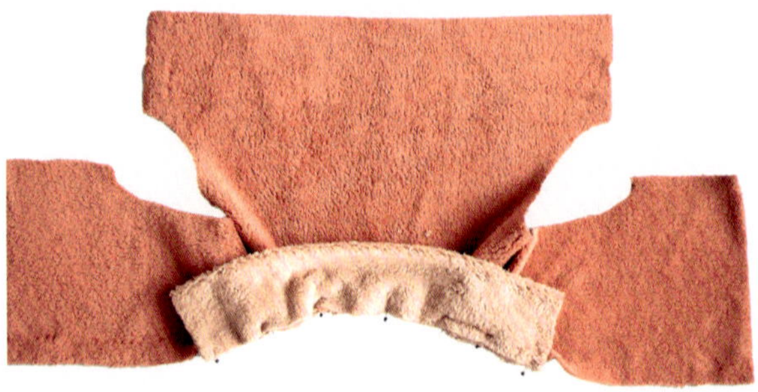

4

1. Ich vergesse es gerne, daher bügle ich gleich am Anfang die Verstärkung für die Druckknöpfe auf die Knopfleiste.

2. Lege die beide oberen Vorderteile rechts auf rechts auf das Rückteil und schließe die Schulternähte.

3. Der Kragen wird im Umbruch links auf links gefaltet und an den Ausschnitt genäht.

4. Schließe je eine der beiden kurzen Seiten der Knopfleisten rechts auf rechts, nähe aber nur bis einen Zentimeter vor der Kante. Wende die Knopfleisten danach links auf links.

5

6

7

8

5. Wenn sich die kurze Kante beim Drehen zu knubbelig anfühlt, darf hier noch mal die Schere ran. Bei Flauschstoffen hilft es oft, wenn man sie etwas ausdünnt. Bitte aber ganz vorsichtig und nur den Flausch der Nahtzugabe, nicht den Stoff selbst!

6. Die geschlossenen, kurzen Seiten der Knopfleiste kommen oben an den Kragen. Die untere, offene, lange Seite liegt Kante an Kante rechts auf rechts und wird so festgenäht. Je nach Stoff muss die Nahtzugabe dazu etwas eingekürzt werden.

7. Bei der zweiten langen Seite schlage ich die Nahtzugabe um die gerade genähte Naht herum ein und nähe sie knappkantig fest. Bei meinem Stoff sieht man das gar nicht.

8. Wie man sieht, sieht man nichts! Und wenn man doch was sieht, ist die Knopfleiste eben abgesteppt.

9. Die Knopfleisten werden nun im unteren Bereich übereinandergelegt und mit einer kurzen Naht innerhalb der Nahtzugabe fixiert …

10. … damit das untere Vorderteil rechts auf rechts angenäht werden kann. Wer ein Etikett einnähen möchte, hätte hier eine feine Gelegenheit.

11. Die Ärmel werden unter Berücksichtigung der Markierungen rechts auf rechts in die Armlöcher gesteckt und angenäht.

12. Wir nähern uns dem Endspurt! Die Seitennähte müssen noch rechts auf rechts vom Ärmel bis zum Saum geschlossen werden.

13. Einmal alle Säume nach innen umschlagen und feststeppen …

14. … dann dürfen auch schon die Druckknöpfe auf der Knopfleiste Platz nehmen. Ich habe Anorakknöpfe verwendet, es gehen aber natürlich auch alle anderen Arten. Erlaubt ist, was gefällt.

KLEID *Wien*

LEICHT AUSGESTELLTES WEBWAREKLEID MIT BELEG

WER EIN KURZWEILIGES ERFOLGSERLEBNIS BRAUCHT, IST HIER RICHTIG: KLEID WIEN IST WAHRSCHEINLICH DAS AM SCHNELLSTEN GENÄHTE WEBWARETEIL IM GANZEN BUCH UND JETZT SCHON EINES MEINER TOP-3-KLEIDER!

MATERIAL UND ZUSCHNITT:

1,6 m leichtere Webware und optional Einlage für die Belege, siehe Seite 22

- 1x Vorderteil im Bruch
- 1x Rückteil im Bruch
- 1x Vorderteilbeleg im Bruch
- 1x Rückteilbeleg im Bruch
- 2x Ärmel gegengleich

Alle Schnittteile findest du auf SB 5.

Gib eine Nahtzugabe von 1 cm und mindestens 1,5 cm Saumzugabe zum Schnitt hinzu. Bei sehr dünnen Stoffen sollten die Belegteile verstärkt werden.

Alle Schnittteile werden versäubert.

Tipp

Da Wien ohne Abnäher auskommt, eignet sich das Kleid besonders gut für großflächig gemusterte Stoffe. Das Design kann ohne störende Unterbrechung wirken.

1

2

3

4

1. Stecke das Vorderteil und das Rückteil rechts auf rechts und schließe die Schulternähte. Das Gleiche wird mit dem Beleg gemacht: Nähe den vorderen Beleg rechts auf rechts an den hinteren Beleg.

2. Bügle die Nähte von Oberteil und Beleg auseinander. Stecke den Ausschnittbeleg rechts auf rechts an das Oberteil und nähe ihn fest.

3. Schneide die Nahtzugabe in den Rundungen vorsichtig ein und wende den Beleg auf links, um ihn von rechts abzusteppen. Vor dem Absteppen wird er natürlich gebügelt.

4. Je nach Stoff und Muster steppe ich den Beleg gerne noch mal im Nahtschatten der Schulternaht fest. Die Naht ist praktisch unsichtbar und die zwei zusätzlichen Fixierungen verringern das unerwünschte Hervorgucken des Belegs.

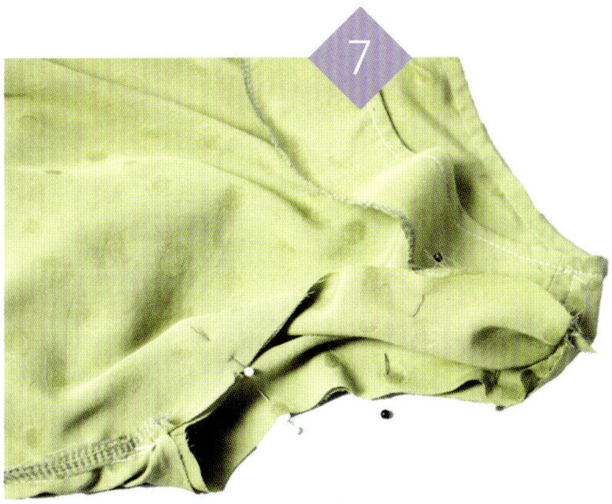

5. Schließe die Seitennähte. Das noch ärmellose Kleid liegt dabei rechts auf rechts.

6. Auch die beiden Ärmel werden rechts auf rechts geschlossen.

7. Nun kommen die Ärmel ans Kleid. Das Kleid ist hierfür auf links gedreht, der Ärmel auf rechts. Nun wird er unter Berücksichtigung der Markierungen ins Kleid gesteckt und liegt dort rechts auf rechts. Die minimale Mehrweite im oberen Bereich des Ärmels dient der Bequemlichkeit beim Tragen und wird beim Einnähen gleichmäßig verteilt.

8. Fehlt noch der Ärmelsaum: Ich schlage ihn einfach um und steppe ihn doppelt fest. Genauso verfahre ich am unteren Saum.

JERSEYKLEID
Johannesburg

JERSEYKLEID MIT SEITLICHEM SCHLITZ
DIESES KLEID ÜBERZEUGT DURCH LÄSSIG UMGESCHLAGENE ÄRMEL UND SEITLICHE SCHLITZE. DABEI IST ES SOWOHL COOL ALS AUCH SEHR GEMÜTLICH – WIE SO OFT MACHT DER STOFF DEN LOOK.

MATERIAL UND ZUSCHNITT:

1,5 m Jerseystoff, siehe Seite 22

Vier kleine Streifen Bügeleinlage für die Schlitze

- 1x Vorderteil im Bruch
- 1x Rückteil im Bruch
- 2x Ärmel gegengleich
- 4 cm breiter Jerseystreifen etwas kürzer als „Halslochlänge“

Alle Schnittteile findest du auf SB 2.

Jersey muss nicht versäubert werden. Um die seitlichen Schlitze schön ausarbeiten zu können, schneide mit 0,7 bis 1 cm Nahtzugabe zu, sie werden nicht mit der Overlock genäht und in diesem Bereich kann die Nahtzugabe ruhig etwas breiter sein. Die Saumzugabe beträgt mindestens 1,5 cm.

Tipp

Wer es eilig hat, verzichtet auf Ärmelaufschlag und Schlitze. Die Ärmel können dann entweder einfach gesäumt werden und sind etwas länger, oder man schneidet ohne Umbruch zu. Ich finde, dass sich bei kurzen Ärmeln immer die Suche nach dem persönlichen Ideal-Ärmel lohnt – also ruhig lang zuschneiden und dann Schritt für Schritt kürzen.

1

2

3

4

1. Bügle einen dünnen Streifen Bügeleinlage auf die linke Stoffseite im Bereich der späteren Schlitze auf. Hier wird der Stoff später umgeschlagen und kann so leichter und sauberer genäht werden.

2. Lege Vorder- und Rückteil rechts auf rechts und schließe eine der beiden Schulternähte.

3. Der Jerseystreifen ist links auf links gefaltet, aber nicht zum Ring geschlossen, sondern noch offen. Er wird an der offenen Schulter rechts auf rechts an den Ausschnitt gesteckt. Ich stecke dabei nicht die ganze Strecke, sondern nähe den Streifen einfach Stück für Stück unter gleichmäßiger Dehnung an den Ausschnitt.

4. So sieht das fertig angenähte Bündchen von links aus. Der eventuell überstehende Bündchenrest kann abgeschnitten werden. Die zweite Schulternaht wird nun auch rechts auf rechts geschlossen.

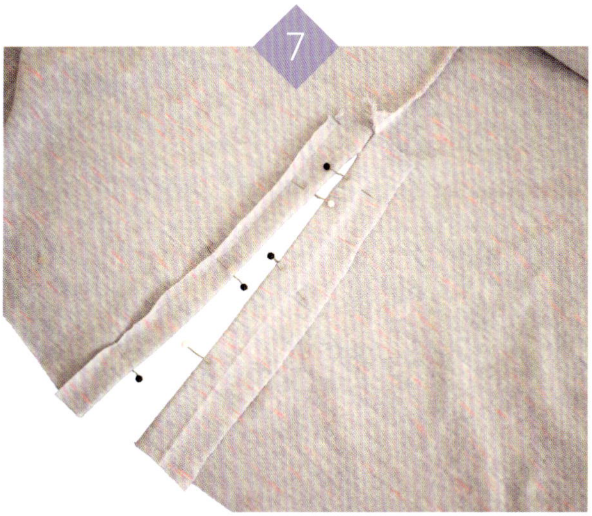

5. Als Nächstes folgen die Ärmel. Sie werden unter Berücksichtigung der Knipse für Vorder-, Rückteil und den Schulterpunkt rechts auf rechts eingenäht.

6. Jetzt sind die seitlichen Nähte dran: Schließe sie rechts auf rechts vom Ärmelsaum bis kurz vor dem Schlitz. Wer mit der Overlock näht, darf dies gerne tun, sollte aber zuerst die unteren 5 cm bis zum Schlitz mit einem Geradstich nähen.

7. Die Schlitze werden links auf links umgebügelt. Beide Seiten des Schlitzes nur so weit umklappen, dass die Bügelkante die perfekte Verlängerung der Nahtkante ist.

8. Ich steppe den Schlitz einfach ringsherum ab. Dazu nähe ich von unten beginnend eine Gerade, lasse die Nadel stecken, hebe das Nähfüßchen, drehe das Kleid um 90 Grad, senke das Füßchen und nähe das kleine Stück bis zur nächsten Ecke. Dort wiederholt sich das Ganze. Die überstehende Nahtzugabe schneide ich knapp zurück.

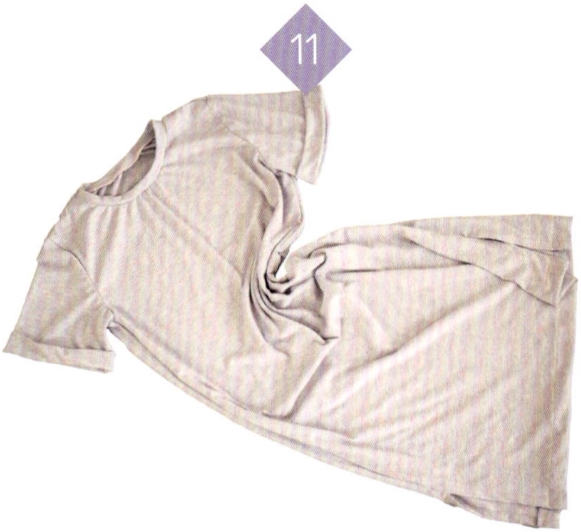

9. Da wir keine sichtbare Naht am Ärmel haben möchten, werden diese nicht einfach nur umgeschlagen, sondern etwas anders verarbeitet als gewöhnlich. Als Erstes werden sie einmal links auf links nach innen eingeschlagen und festgenäht. Es entsteht ein breiter Umbruch.

10. Als Nächstes wird der eben genähte große Umschlag wieder nach außen auf die rechte Seite des Kleides geklappt. Hier wird er festgenäht. Je nach Stoffart ist es schöner, das entweder mit einer auffälligen Raupe auf dem Umschlag zu nähen, oder ringsherum zu säumen. Bügeln ist in jedem Fall unumgänglich.

11. Nun nur noch den unteren Saum hochschlagen, annähen und fertig ist das lässige Kleidchen – jetzt fehlt nur noch der Stadtbummel oder Strandbesuch.

BASIC-SHIRT
Toronto

BASIC-SHIRT IN WOHLFÜHLWEITE
TORONTO IST DER UNKOMPLIZIERTE KOMBIPARTNER FÜR HOSEN UND RÖCKE ALLER ART – GENAU SO WIE ES SICH FÜR EIN SHIRT GEHÖRT.

MATERIAL UND ZUSCHNITT:

80 cm Jerseystoff, siehe Seite 23

- 1x Vorderteil im Bruch
- 1x Rückteil im Bruch
- 2x Ärmel gegengleich
- 1x Bündchen (ohne Schnittteil): 5 cm breiter Jerseystreifen der knapp die Länge des Ausschnitts hat

Alle Schnittteile findest du auf SB 6.

Jersey muss nicht versäubert werden. Toronto nähe ich komplett mit der Overlock und gebe deshalb nur eine Nahtzugabe von 0,5–0,7 cm zu.

Wenn du mit der Haushaltsnähmaschine und dem Zickzackstich nähst, passe die Nahtzugabe an. Die Saumzugabe beträgt mindestens 1,5 cm.

Tipp

Toronto ist gerade geschnitten und lässt sich daher perfekt kürzen und verlängern. Von Crop-Top bis Shirt-Kleid ist jede Länge drin.

1. Lege Vorder- und Rückteil rechts auf rechts und schließe eine Schulternaht. Achtung, nur eine, nicht beide Schulternähte!

2. Der Bündchenstreifen ist links auf links gefaltet, aber nicht zum Ring geschlossen, sondern noch offen. Er wird nun an der offenen Schulter rechts auf rechts an den Ausschnitt gesteckt. Ich stecke dabei nicht die ganze Strecke, sondern nähe das Bündchen einfach unter gleichmäßiger Dehnung Stück für Stück an den Ausschnitt.

3. So sieht das fertig angenähte Bündchen aus. Den überstehenden Bündchenrest schneide ich bündig ab – oder ignoriere ihn einfach.

4. Nun schließe ich die zweite Schulternaht wie die erste. Ich sichere dafür kurz mit der Nähmaschine den ersten Zentimeter der Naht, damit am Halsausschnitt die beiden Bündchenenden sauber aufeinandertreffen. Die Overlockraupe wird einfach mit einer Stopfnadel ins Innere der Naht gezogen.

5. Damit aus dem Top ein T-Shirt wird, fehlen noch die Ärmel. Diese nähen wir rechts auf rechts in die Armlöcher ein. Achte dabei auf die Knipse für Vorder- und Rückteil und den Schulterpunkt.

6. Jetzt sind die seitlichen Nähte dran: Schließe sie rechts auf rechts vom Ärmel bis zum Saum.

7. Nachdem die Pflicht (Saum und Ärmelsäume umgeschlagen und festnähen) erfüllt ist, wende ich mich noch der Kür zu: Knappkantig abgesteppte Bündchen (in diesem Fall ein Halsbündchen) sehen nicht nur hübsch aus, sondern liegen auch einfach schöner.

KURZMANTEL
Kopenhagen

KURZMANTEL MIT GESCHWUNGENEM SAUM

MIT 3/4-ARM UND LANGEN ARMBÜNDCHEN IST DER KURZE RAGLANMANTEL DAS PERFECT MATCH FÜR DIE ÜBERGANGSZEIT.

MATERIAL UND ZUSCHNITT:

2 m Oberstoff und passende Bündchenware, siehe Seite 23

5–6 Knöpfe

- 1x Rückteil im Bruch
- 2x Vorderteil gegengleich
- 2x Vorderteilbeleg gegengleich
- 1x Rückteilbeleg im Bruch
- 1x Kragen im Bruch
- 2x Ärmel gegengleich
- 4x Bündchen

Du findest alle Schnittteile auf SB 2.

Alle Schnittteile werden mit 1 cm Nahtzugabe zugeschnitten und vor dem Nähen versäubert.

Tipp

Besonders edel sieht der Mantel mit farblich exakt passenden Ripp-Bündchen aus – die von mir verwendete Bündchenware hätte gerne noch ein bisschen mehr Struktur haben dürfen. Natürlich lässt sich Kopenhagen auch ganz ohne Bündchenware nähen: einfach den Ärmel etwas verlängern.

1

2

3

4

1. Als Erstes nähen wir die beiden Raglanärmel unter Berücksichtigung der Markierungen rechts auf rechts an das Rückteil.

2. Die beiden Vorderteile werden nun genauso rechts auf rechts an die andere Seite der Ärmel genäht. Die Oberkanten aller vier Teile bilden den Halsausschnitt.

3. Durch das Schließen der Seitennähte (ebenfalls rechts auf rechts) vom Ärmel bis zum Saum entsteht ein fast fertiger Mantel. Achtung, wir nähen die Seitennaht nur bis zur Markierung, nicht bis ganz in die Rundung zu.

4. Da die schicke Rundung am Saum nicht einfach umgeklappt werden kann, benötigt der Mantel einen Saumbeleg. Dieser wird so zusammengenäht, wie zuvor die Seitennähte geschlossen wurden: Vorderteile rechts auf rechts an Rückteil, aber dabei nur die Seite bis zur Markierung nähen, nicht die Rundung.

5

6

7

8

5. Der Saumbeleg ist etwas kürzer als der Mantel, dieser hat nämlich den Knopfleistenbeleg schon am Vorderteil angeschnitten. Deshalb nähen wir den Beleg zuerst an der kurzen Seite an den Beleg des Vorderteils. Natürlich wieder rechts auf rechts.

6. Steckt man jetzt den Beleg passgenau auf das Rückteil und von dort weiter Richtung vordere Mitte, ergibt sich der Umbruch im angeschnittenen Beleg der Knopfleiste automatisch.

7. Gewendet und ein bisschen ausgeformt sieht das schon richtig gut aus. Bei der Verwendung von ganz plüschigem Stoff kann es helfen, den Stoff innerhalb der Nahtzugabe vorsichtig etwas auszudünnen, um so eine schmalere Kante zu bekommen. Achte darauf, nur den überstehenden Flausch abzuschneiden und nicht ins Gewebe zu schneiden.

8. Beim Kragen ist der Vorderteilbeleg ebenfalls enthalten, hier ignoriere ich ihn vorerst und falte den Kragen links auf links im Umbruch …

9

10

11

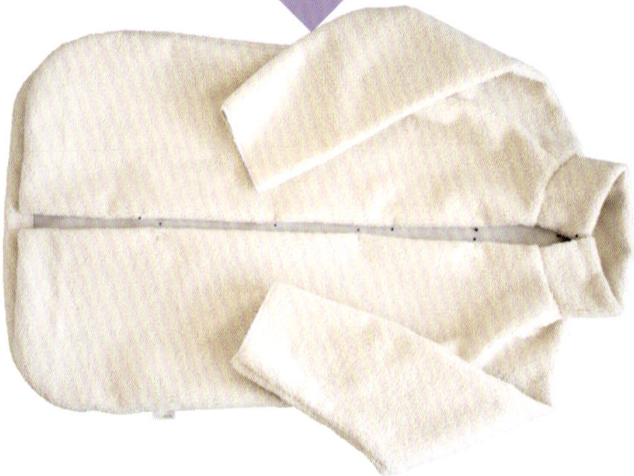

12

9. ... um ihn von der hinteren Mitte ausgehend rechts auf rechts an den Halsausschnitt zu stecken. Den Beleg falte ich vorne einfach nach innen...

10. ... und lasse ihn unter dem Knopfleistenbeleg verschwinden. Nun wird der Kragen festgenäht. Die offene, nach innen geschlagene Kante des Kragens wird später einfach mit der kompletten Knopfleiste einmal abgesteppt.

11. Bevor es an die Armbündchen geht, kommen noch die Druckknöpfe an Ort und Stelle. Ich bügle dafür an den Knopfpositionen eine Verstärkung auf die linke Seite des Belegs. Da der Schnitt ohne Futter auskommt, kann man hier ganz gezielt vorgehen und muss nicht großflächig aufbügeln.

12. Zum besseren Anbringen der Druckknöpfe habe ich den Flor des Stoffs an der Knopflochposition ganz vorsichtig zurückgeschnitten. Sieht man im Bild nicht, soll man ja aber auch nicht sehen.

13. Die Armbündchen werden an den Außenkanten rechts auf rechts zusammengenäht …

14. … und einmal im Umbruch auf die gewünschte Form gefaltet …

15. … um mit der offenen Kante rechts auf rechts an den Ärmelsaum genäht zu werden. Das Bündchen muss hierbei nicht gedehnt werden.

16. So sieht der Ärmel im unteren Bereich jetzt aus. Hier im Bild habe ich den Umbruch schon mit Stecknadeln markiert.

17. An der Umbruchlinie wird der Ärmel nun nach innen gelegt und einmal ringsherum festgesteppt. Dann werden die Armbündchen wieder rausgezogen.

18. Zum Schluss kann noch bei Bedarf der geschwungene Saumbeleg entweder punktuell fixiert oder komplett festgesteppt werden. Auch die Knopfleiste darf noch abgesteppt werden.

LAGEPLÄNE

WICKELKLEID FLORENZ

SB 4

- 1x Rockteil im Bruch (in zwei Teilen)
- 1x oberes Rückteil im Bruch
- 2x oberes Vorderteil gegengleich
- 1x Rückteilbeleg im Bruch
- 2x Vorderteilbeleg gegengleich
- 2x Saumbändchen
- 2x Ärmel gegengleich

SHIRT SYDNEY

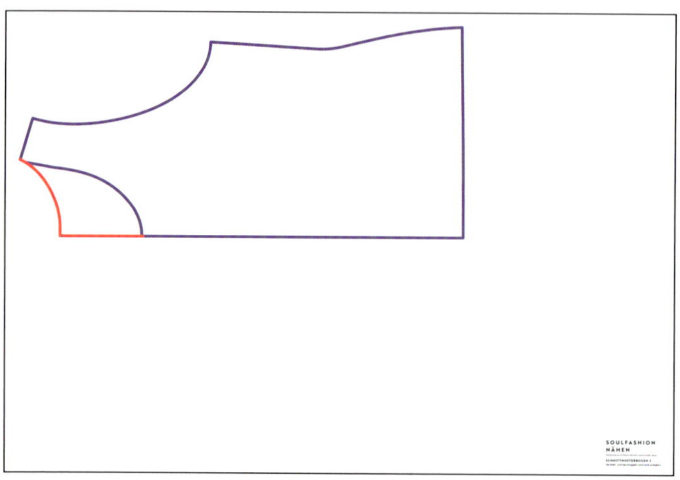

SB 3

- 1x Vorderteil im Bruch
- 1x Rückteil im Bruch

SPITZENKLEID SEVILLA

SB 4

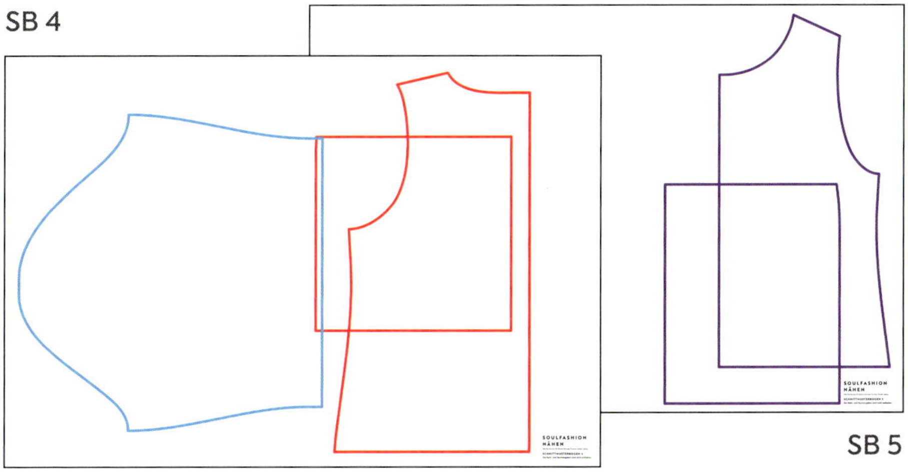

SB 5

SB 4 + 5

- ◆ 1x Vorderteil im Bruch (in zwei Teilen)
- ◆ 1 x Rückteil im Bruch (in zwei Teilen)
- ◆ 2x Ärmel gegengleich

PULLOVER PORTO

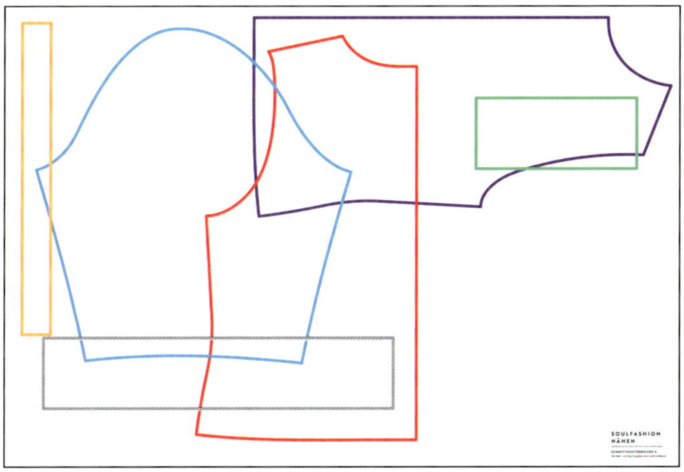

SB 6

- ◆ 1x Vorderteil im Bruch
- ◆ 1x Rückteil im Bruch
- ◆ 2x Ärmel gegengleich
- ◆ 1x Halsbündchen
- ◆ 2x Armbündchen
- ◆ 1x Saumbund im Bruch

PALAZZOHOSE PRAG

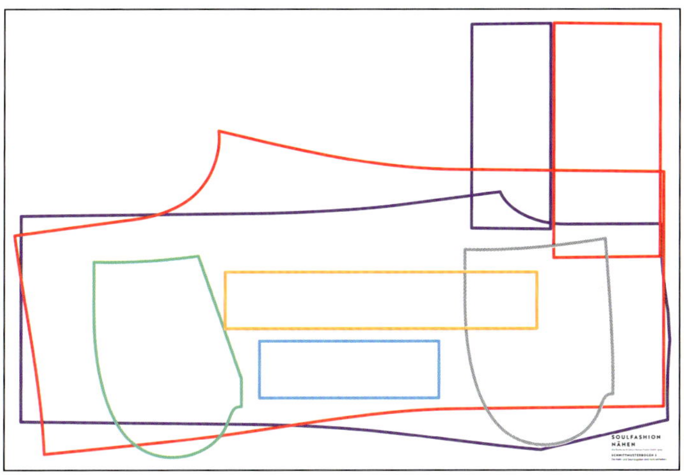

SB 3

- ◆ 2x Vorderhose gegengleich (in zwei Teilen)
- ◆ 2x Hinterhose gegengleich (in zwei Teilen)
- ◆ 1x vorderer Bund
- ◆ 1x hinterer Bund im Bruch
- ◆ 2x vorderer Taschenbeutel gegengleich
- ◆ 2x hinterer Taschenbeutel gegengleich

BLAZER
BOSTON

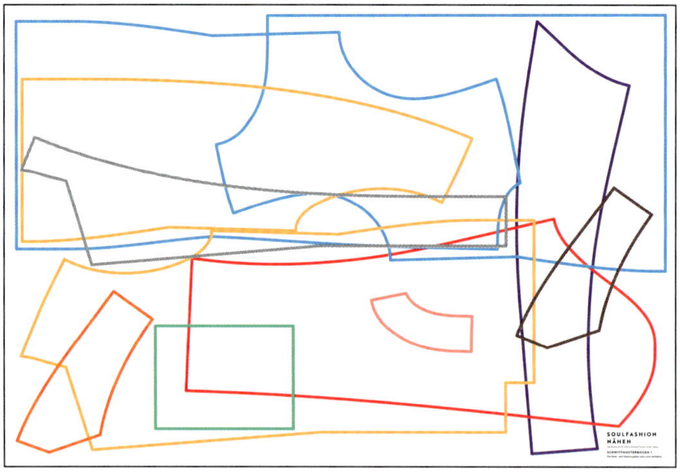

SB 1

- 2x Unterärmel gegengleich
- 2x Oberärmel gegengleich
- 2x Rückteil gegengleich
- 1x Rückteil-Futter im Bruch
- 2x Vorderteil gegengleich
- 2x Vorderteil-Futter gegengleich
- 2x Tasche
- 1x Rückteilbeleg im Bruch
- 2x Vorderteilbeleg gegengleich
- 1x Unterkragen im Bruch
- 1x Oberkragen im Bruch

SCHÜRZENKLEID
SALONIKI

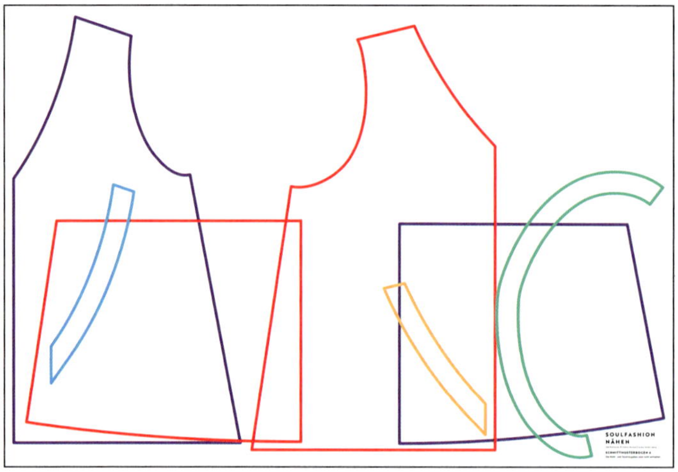

SB 6

- 1x Vorderteil im Bruch (in zwei Teilen)
- 1x Rückteil im Bruch (in zwei Teilen)
- 1x Vorderteilbeleg im Bruch
- 1x Rückteilbeleg im Bruch
- 2x Armlochbeleg gegengleich

PULLOVER
PARIS

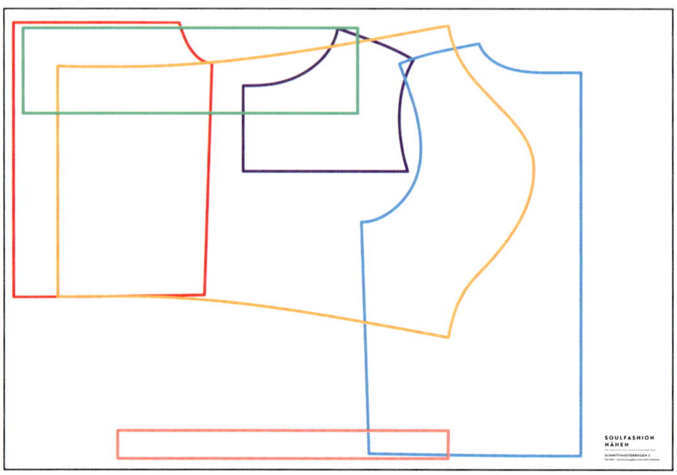

SB 3

- 1x oberes Vorderteil im Bruch
- 1x unteres Vorderteil im Bruch
- 1x Rückteil im Bruch
- 2x Ärmel gegengleich
- 1x Saumbündchen im Bruch
- 1x Halsbündchen

Sweatrock London

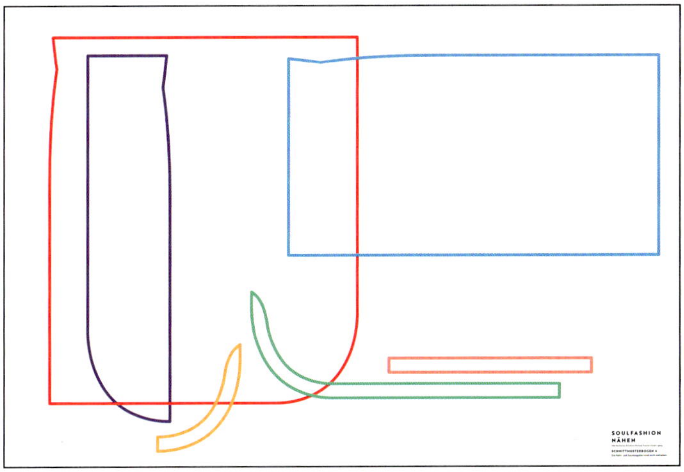

SB 4

- ◆ 1x linker Vorderrock
- ◆ 1x rechter Vorderrock
- ◆ 1x Hinterrock im Bruch
- ◆ 1x linker Saumbeleg
- ◆ 1x rechter Saumbeleg
- ◆ 1x hinterer Saumbeleg im Bruch

Troyer Trondheim

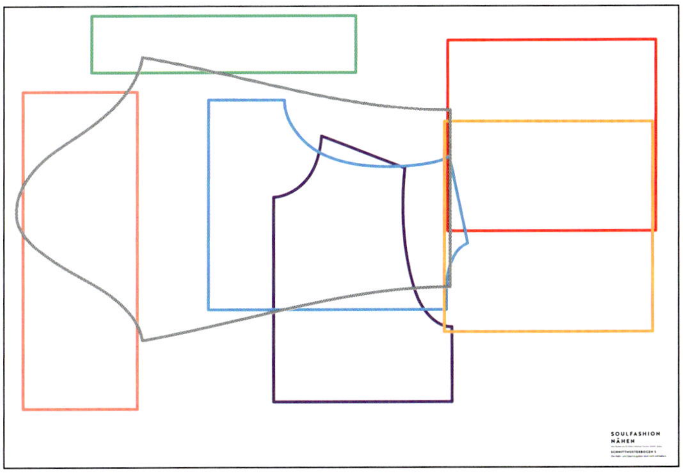

SB 5

- ◆ 2x oberes Vorderteil gegengleich
- ◆ 1x unteres Vorderteil im Bruch
- ◆ 1 x oberes Rückteil im Bruch
- ◆ 1 x unteres Rückteil im Bruch
- ◆ 2x Knopfleiste
- ◆ 1x Kragen
- ◆ 2x Ärmel gegengleich

Kleid Wien

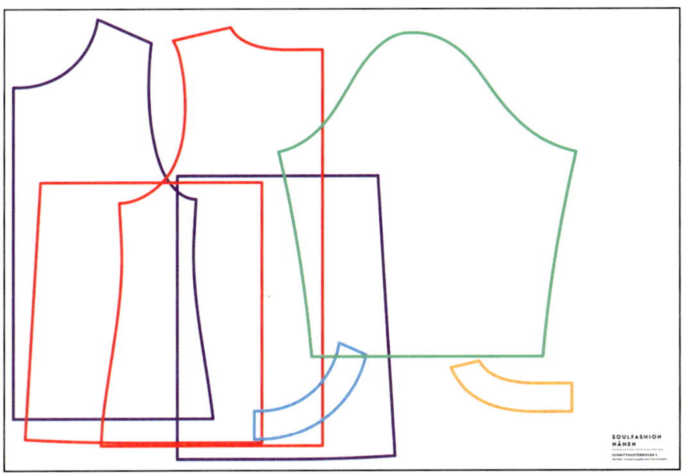

SB 5

- ◆ 1x Vorderteil im Bruch (in zwei Teilen)
- ◆ 1x Rückteil im Bruch (in zwei Teilen)
- ◆ 1x Vorderteilbeleg im Bruch
- ◆ 1x Rückteilbeleg im Bruch
- ◆ 2x Ärmel gegengleich

JERSEYKLEID JOHANNESBURG

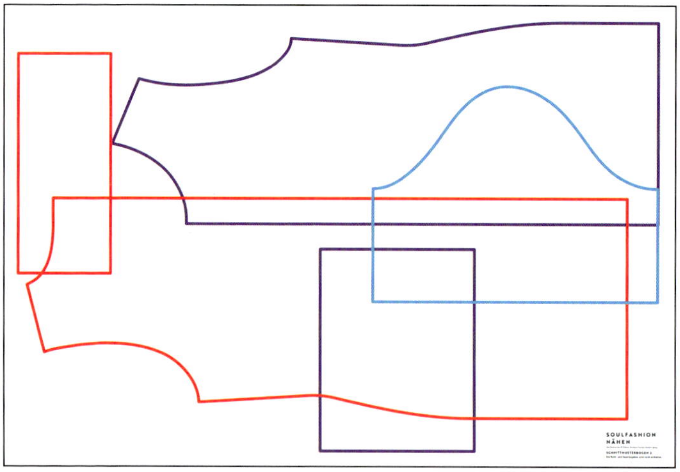

SB 2

- ◆ 1x Vorderteil im Bruch (in zwei Teilen)
- ◆ 1x Rückteil im Bruch (in zwei Teilen)
- ◆ 2x Ärmel gegengleich

BASIC-SHIRT TORONTO

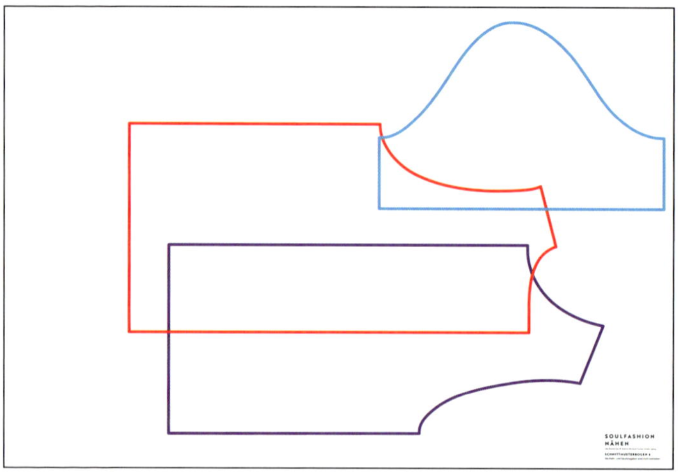

SB 6

- ◆ 1x Vorderteil im Bruch
- ◆ 1x Rückteil im Bruch
- ◆ 2x Ärmel gegengleich

KURZMANTEL KOPENHAGEN

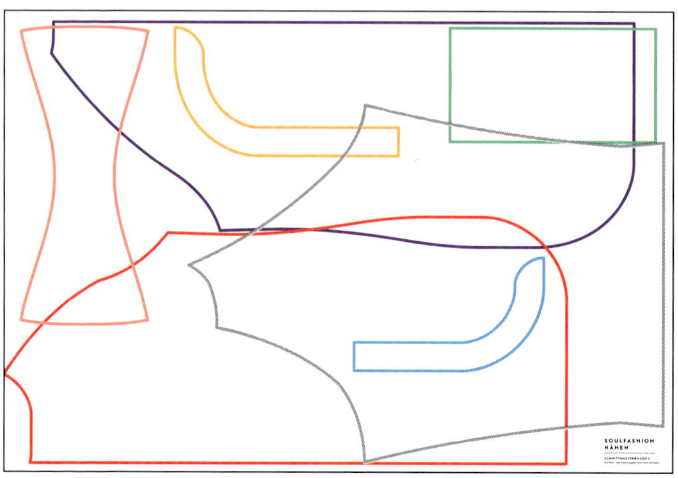

SB 2

- ◆ 1x Rückteil im Bruch
- ◆ 2x Vorderteil gegengleich
- ◆ 2x Vorderteilbeleg gegengleich
- ◆ 1x Rückteilbeleg im Bruch
- ◆ 1x Kragen im Bruch
- ◆ 4x Bündchen
- ◆ 2x Ärmel gegengleich

WEITERE NÄHBÜCHER

simple NÄHEN: Praktische Alltagsmode in Größe 34–50

ISBN 978-3-7459-1490-0
26,00 € (D) | 26,80 € (AT)

simple NÄHEN: Sew for you! Praktische Alltagsmode in Größe 34–50

ISBN 978-3-7459-2129-8
26,00 € (D) | 26,80 € (AT)

Nähen für mich – Outfit of the day

ISBN 978-3-7459-2106-9
26,00 € (D) | 26,80 € (AT)

Unisex-Kleidung nähen

ISBN 978-3-7459-1481-8
32,00 € (D) | 32,90 € (AT)

DANKSAGUNG

1000 DANK AN …

… meine Familie, – die mich nicht nur beim Schnittmusterkleben und -ausschneiden unterstützt hat.

… den ganzen EMF-Verlag – vor allem Saskia und Sarah.

… die großzügigen Sponsoren, dank denen ich mich mit schönsten Materialien eindecken durfte: Alles für Selbermacher, Snaply, Selfmade und Rico Design.
Auf Seite 18 gehe ich detailliert auf die verwendeten Stoffe ein.

… Eva, für die professionelle Umsetzung meiner Schnittideen.

… meine Montags-Mädels – für einfach alles, von Beratung und Beistand über Korrekturlesen bis hin zum Feiern des fertigen Buches!

ÜBER DIE AUTORIN

Anja wohnt mit ihrer Familie in Stuttgart, wo sie als selbstständige Grafikdesignerin arbeitet.

Schon in ihrer Kindheit schnitt sie Löcher in ausgemusterte Socken, um ihren Puppen neue Kleider zu verpassen – seit dem Upcycling von damals ist einiges geschehen.

In die erste eigene Wohnung zog leihweise Mutters alte Nähmaschine mit ein und aus „nur mal ein bisschen Probieren" wurde sehr schnell ein neues Hobby und die alte Maschine durfte besseren Modellen Platz machen.

Seit 2012 bloggt die Designerin unter aennisews, und seit 2016 hat sie Hobby und Beruf miteinander vereint und entwirft Stoffdesigns sowie Zubehör. 2021 erschien ihr erstes Buch Hej. Skandi-Chic und bis 2024 folgten fünf weitere.

Zeig mir, was du genäht hast! Ich bin absolut gespannt, welche Modelle du aus welchen Stoffen genäht hast und freue mich auf Inspirationen.

Verlinke @aennisews auf Instagram oder benutze die Hashtags **#EMFsoulfashion**

Wenn du meine Stoffauswahl gut findest, schau gerne bei meinen Sponsoren Alles für Selbermacher, Selfmade, Snaply und Rico Design vorbei.

IMPRESSUM

Bibliografische Information der Deutschen Bibliothek.

Die Deutsche Bibliothek verzeichnet diese Publikation in der Deutschen Nationalbibliografie.

Detaillierte bibliografische Daten sind im Internet über http://www.dnb.de/ abrufbar.

EIN BUCH DER EDITION MICHAEL FISCHER

1. Auflage 2024

Cover, Layout & Satz: Alexandra Wolf
Bilder: Cover- und Projektfotos: Corinna Teresa Brix, München, alle weiteren Fotos: Anja Roloff
Projektmanagment: Saskia Reusch
Redaktion und Lektorat: Sarah Holzwarth

ISBN 978-3-7459-2058-1

Gedruckt bei C&C Offset Printing Co., LTD., 14/F, C&C Building, 36 Ting Lai Road, Tai Po, N. T. Hong Kong

www.emf-verlag.de